Diane Fassel arbeitet als Unternehmensberaterin in Colorado.

Dieses Buch wurde auf chlor- und säurefreiem Papier gedruckt.

Vollständige Taschenbuchausgabe Mai 1994
Droemersche Verlagsanstalt Th. Knaur Nachf., München
© 1991 für die deutschsprachige Ausgabe
Kösel-Verlag GmbH & Co., München
© 1990 Diane Fassel
Originalverlag Harper & Row, San Francisco
Titel der Originalausgabe »Working Ourselves to Death«
Aus dem Amerikanischen von Karin Petersen
Umschlaggestaltung Agentur ZERO, München
Umschlagfoto Bildagentur Bavaria, Gauting
Druck und Bindung Elsnerdruck, Berlin
Printed in Germany
ISBN 3-426-83007-8

5 4 3 2 1

Diane Fassel

Wir arbeiten uns noch zu Tode

*Die vielen Gesichter
der Arbeitssucht*

Dieses Buch ist all jenen gewidmet,
die mit der heimtückischen,
tödlichen Krankheit zu kämpfen haben,
die den Namen Arbeitssucht trägt.
Es ist für Menschen, die wissen, daß sie
in dem Augenblick, in dem sie sich der
Realität der Arbeitssucht stellen, mit dem
Zorn der Gesellschaft rechnen müssen.
Es ist für diejenigen, die sich von ganzem
Herzen lebensbejahende Arbeitsplätze
und eine gesündere Gesellschaft
wünschen.

Inhalt

Vorwort:
Eine widerhallende Stille

Manchmal stoßen wir im Verlaufe unserer Forschungen auf ein Detail, das uns interessant, aber unbedeutend erscheint. Später eröffnet uns dieses Detail eine ganze Welt voller Informationen und entpuppt sich tatsächlich als eigenständiges Wissensgebiet. Genau das ist mir vor mehreren Jahren passiert.

Anne Wilson Schaef und ich schrieben zusammen an einem Buch mit dem Titel *The Addictive Organization*, in dem es darum geht, daß Organisationen in unserer Gesellschaft genauso wie aktive Suchtkranke handeln. Im Verlaufe des Entstehens dieses Buches wurde für uns offensichtlich, daß die Arbeitssucht unter sämtlichen Süchten als die ›unbescholtenste‹ gilt und von der Unternehmenswelt am meisten geschätzt wird. Welche Organisation stellt nicht lieber einen arbeitssüchtigen Mitarbeiter ein als einen Trinker, der den Anforderungen der Stelle nicht genügt?

Um die Sucht nach Arbeit besser verstehen zu können, stellten wir mit Hilfe eines Computers eine Bibliografie sämtlicher Artikel und Bücher zusammen, die innerhalb der letzten zehn Jahre zu diesem Thema erschienen waren. Wir mußten erstaunt entdecken, daß über Arbeitssucht fast nichts geschrieben worden war, obgleich es zahlreiche Artikel über Streß und totalen Zusammenbruch aufgrund von Arbeitsüberlastung gab. Ich konnte fast nicht glauben, daß ein Begriff, der den meisten Menschen so leicht über die Lippen kommt, von Wissenschaftlern, Mitarbeitern im Gesundheitswesen und Fachleuten auf dem Gebiet der Suchtbehandlung kaum beachtet worden war. Tatsächlich schien die Arbeitssucht sowohl von denen, die damit in Berührung kamen, als auch von denen, die davon betroffen waren, vorsätzlich geleugnet zu werden.

Schaef und ich erwähnten diese Entdeckungen in unserem Buch, schrieben mehrere Texte über die Rolle der Arbeitssucht in der suchtkranken Organisation und gingen dann zu anderen Aspekten unseres Themas über.

Als wir *The Addictive Organization* ein Jahr später in Radio und Fernsehen vorstellten, wollte fast jeder Interviewer mit uns über Arbeitssucht sprechen, ein Thema, das im Rahmen unseres Buches am Rande behandelt wurde. Bei Radiosendungen mit Zuhörerbeteiligung bezeichneten Männer und Frauen sich selbst als arbeitssüchtig oder beschrieben, wie sie zu Hause oder in der Firma mit Arbeitssüchtigen zu kämpfen hatten. Wenn wir auf Lesereisen unser Publikum eher wie nebenbei und fast rhetorisch fragten: »Wer von Ihnen ist arbeitssüchtig?«, sahen wir uns einem ganzen Meer erhobener Hände gegenüber, und im Anschluß an die Lesung kamen die Menschen scharenweise zu uns, um uns zu fragen, wie sie Hilfe für ihr Problem finden könnten. Es war ganz offensichtlich, daß hier etwas vor sich ging.

In dem Jahr, in dem unser Buch *The Addictive Organization* herauskam, erschienen mehr als 150 Artikel über Arbeitssucht. Die ersten Gruppen Anonymer Arbeitssüchtiger sind entstanden, und einige fortschrittliche Organisationen erkennen, daß die Arbeitssucht mit der Alkoholsucht auf einer Stufe steht.

Wir müssen über diese fortschreitende, tödliche Krankheit, die sich auf der Grundlage der kulturellen Werte unserer Gesellschaft als erstrebenswert maskieren kann, noch viel offenlegen und lernen. Denn in Wirklichkeit gehört die Arbeitssucht zu den Suchterkrankungen, die am schwersten als solche zu erkennen sind. Das beruht zum Teil darauf, daß sie von so mächtigen Institutionen wie der Kirche, der Schule und den Wirtschaftsunternehmen aktiv gefördert wird. Das heutige Bewußtsein in bezug auf Arbeitssucht entspricht dem Bewußtsein, das man vor fünfzig Jahren in bezug auf den Alkoholismus hatte. Selbst die wenigen Autoren, die über dieses Thema schreiben, tragen zu Verwirrung und Verleugnung bei, indem sie Typ A Persönlichkeiten[1] und Arbeitssüchtige als Menschen beschreiben, die zwar im Umgang schwierig sind, aber für sich selbst und andere keine Gefahr darstellen.

Ich teile die Sicht dieser Autoren nicht. In den zwei Jahren, in denen ich beobachtet, geforscht und interviewt habe, sind mir so viele Menschen begegnet, die an ihrer Arbeitssucht buchstäblich zugrundegehen, daß ich dieses Leiden nicht leicht nehmen kann. Wir haben es hier mit einer mörderischen Krankheit zu tun, die viel verbreiteter ist, als wir uns vorstellen. Natürlich fördern wir mit unserer Verleugnung der Arbeitssucht gesellschaftliche Abläufe, mit denen wir uns nicht auseinandersetzen wollen.

Ich habe dieses Buch verfaßt, um die Züge, die für die Krankheit Arbeitssucht beim Individuum, in der Familie und in der Organisation charakteristisch sind, zu beschreiben, denn das Hinweisen und Benennen an sich ist schon befreiend. Aber es reicht nicht aus. Ich glaube, wir müssen noch tiefer gehen und uns die Struktur einer Gesellschaft anschauen, die sich gefährlich nahe am Rande ihrer Vernichtung bewegt, weil sie sich weigert zu erkennen, daß sie in Komplizenschaft mit dem Suchtprozeß und seinen sämtlichen Erscheinungsformen lebt und von diesem abhängig ist.

Zum Abschluß noch ein Hinweis auf den Wortgebrauch. Bryan E. Robinson benutzt in seinem Buch *Work Addiction: Hidden Legacies of Adult Children*[2] den Begriff ›Arbeitssüchtiger‹ (work addict) statt ›Workaholic‹, und zwar weil der Begriff Workaholic in früheren Büchern und Artikeln eine positive Bedeutung hatte. Ich glaube, wir müssen seine Entscheidung anerkennen, weil ›Arbeitssüchtiger‹ eine sachliche Bezeichnung der aktuellen Realität darstellt. Außerdem gibt dieser Begriff eine der wesentlichsten Einsichten der Genesungsgruppen wieder, die nach dem Zwölf-Punkte-Programm der Anonymen Alkoholiker arbeiten: »Sie leiden an einer Krankheit, aber Sie *sind* nicht Ihre Krankheit.«

Was den Begriff ›Workaholic‹ betrifft, so wurde er 1968 von Wayne Otis geprägt, auch wenn die Sucht nach Arbeit bereits ebensolange existiert wie die anderen Süchte, und es sie bereits vor 1968 gab. Außerdem benutzen die erst jüngst gegründeten ›Workaholics Anonymus‹ die letztere Bezeichnung, und viele von dieser Krankheit genesende Menschen bezeichnen sich selbst als ›Workaholics‹. Aus diesem Grunde habe ich beschlossen, beide Begriffe abwechselnd zu verwenden. Unser Bewußtsein von diesem Suchtleiden ist so neu, das Gebiet seiner Behandlung und Genesung noch so unentwickelt, daß ich glaube, wir können beide Begriffe benutzen, während wir ihnen im Verlauf unseres zunehmenden Wissens auf diesem Gebiet geringfügig unterschiedliche Bedeutungen verleihen und dafür offen bleiben, Neues zu lernen.

Aber wie wir sie auch benennen mögen, Arbeitssucht zerstört Individuen, ihre Beziehungen und ihre Arbeitsplätze. Wie und warum das geschieht, darum geht es in diesem Buch.

Dank

Ich bin vielen Menschen zu Dank verpflichtet, die erheblich zur Entstehung dieses Buches beigetragen haben. Susan August und Pat Fabiano hatten einen ganz wesentlichen Anteil an meinem ersten Entwurf. Die Trainingsgruppen in den Vereinigten Staaten und Europa brachten ihre persönlichen Erfahrungen mit der Arbeitssucht ein und waren offen für meine Ideen. Gwen DeCino tippte tüchtig die sich fortentwickelnden Fassungen. Linda Lewis, Mary Ann Wells und Linda Crower führten Untersuchungen durch und trugen zum professionellen Hintergrund bei.

Jonathon Lazear, mein Agent, und Jan Johnson, mein Herausgeber, bewiesen wieder einmal, was der Zusammenschluß von Kräften wie menschliche Wärme, Humor und Kompetenz bewirken kann. Die Mitarbeiter des Hotel Astoria in Seefeld, Österreich, Kapitän Masse und die Besetzung des Cast Muskox Frachters sowie die Mönche des St. Benedikt Klosters in Snowmass, Colorada – sie alle sorgten für eine arbeitssuchtfreie Umgebung, die mein Schreiben förderte.

Anne Wilson Schaef bin ich mindestens in zweifacher Hinsicht Dank schuldig. Sie trug in großem Maße zur Entwicklung der Idee zu diesem Buch bei. Was aber noch wichtiger ist: Neben anderen, die über Suchtkrankheiten schreiben, bin ich ihr zu allergrößtem Dank verpflichtet für ihre bahnbrechende Arbeit, mit der sie zeigte, daß Sucht nicht nur ein Leiden ist, das Individuen und Familien beeinträchtigt, sondern einen Prozeß innerhalb der gesamten Gesellschaft darstellt. Ihre Veröffentlichungen auf diesem Gebiet bildeten eine reiche Ergänzung meiner Sicht der Arbeitssucht als ein Leiden, das sowohl Organisationen als auch die Gesellschaft insgesamt betrifft.

In einer Zeit, in der Frauen nahegelegt wird, sich Ratgeber zu suchen, hatte ich das außerordentliche Glück, in enger Verbindung mit zwei Frauen zu stehen, die ich als wirkliche intellektuelle, moralische und geistige Größen betrachte. Ich danke Mary Luke Tobin und Helen Sanders für ihr vorbildliches Leben und die unermüdliche Unterstützung, die sie mir und meiner Arbeit zukommen ließen.

Und schließlich bin ich meiner *Boulder Familie*, vor allem Anne und John sowie allen, die mich zu diesem Buch gedrängt haben, aufrichtig dankbar.

Sämtliche Geschichten und Beispiele
in diesem Buch beruhen
auf wahren Ereignissen,
Einzelheiten wurden jedoch geändert,
um die Identität der
betreffenden Menschen zu schützen.

Einleitung:
Ein tödliches Leiden

Ich führe eine Unternehmensberatung in einer der schönsten Gegenden der Vereinigten Staaten durch, in Santa Fe, New Mexico, an einem Tag, an dem der Himmel kristallklar, die Luft vollkommen rein, es weder zu heiß noch zu kalt und meine Klientin eine spannende Person ist.

Obwohl Unternehmensberatung manchmal die reinste Plackerei ist, ist sie an diesem Tag für mich eine vollkommen befriedigende Beschäftigung, die mir die beglückende Kombination aus Reisen, Klimawechsel und Herausforderung beschert. Dies ist mein erstes Treffen mit der Klientin, und wie immer ahne ich bereits, daß ich demnächst erfahren werde, warum ich wirklich hier bin – ist doch die Beratung ein Metier, bei dem der Grund, aus dem wir gerufen werden, oft kaum in Zusammenhang mit dem steht, was wir am Ende wirklich tun!

Besonders interessiert mich die Inhaberin und Leiterin der Firma. Sie ist eine bemerkenswert gut aussehende Frau, über einsachtzig groß mit platinblondem Haar. Wenn sie den Raum betritt, fordert sie die ganze Aufmerksamkeit. Sie ist eindeutig die führende und inspirierende Kraft in dieser gerade flügge werdenden Firma, die überaus erfolgreich bei der Entwicklung und dem Vertrieb von hochtechnisierten Telegeräten für Haushalte und kleinere Geschäftsunternehmen ist.

Zu fünft setzen wir uns an den Konferenztisch – die Inhaberin, drei Vizepräsidenten und -präsidentinnen und ich. Die Inhaberin scheint, während wir das Treffen beginnen, gefühlsmäßig in Aufruhr zu sein. Selbst als wir uns reihum vorstellen und mit wenigen

Worten darstellen, was wir tun, ist sie den Tränen nahe. Schließlich unterbricht sie unsere Runde. »Ich muß meinem Team unbedingt etwas mitteilen«, sagt sie.

»Diane, Sie sind die einzige, die davon nichts weiß«, fährt sie fort, »aber ich habe mich im Krankenhaus untersuchen lassen, um die Ursache für meine Taubheit, meine Blackouts und meinen Gedächtnisverlust herauszufinden. Unmittelbar vor diesem Treffen habe ich die Untersuchungsergebnisse erhalten. Sie haben festgestellt, daß die Nerven und das Bindegewebe in meinem Nacken verschlissen sind und daß man diesen Zustand nicht mehr medizinisch behandeln und heilen kann.«

Von den anderen kommt ein erschrockenes Murmeln.

»Was ist die Ursache dafür?« frage ich.

Sie schüttelt ihren Kopf. »Die Ärzte sagen übermäßiger Streß. Acht Jahre lang habe ich neunzig Stunden die Woche gearbeitet, um diese Firma aufzubauen und in Gang zu bringen. Ich liebe sie. Wir haben Erfolg, und jetzt zahle ich den Preis dafür.«

»Aber Sie müssen aufhören!« protestiere ich. »Sie bringen sich ja um.«

»Das weiß ich«, sagt sie, »aber ich kann nicht aufhören, ich kann es einfach nicht.«

Plötzlich kommt mir Santa Fe weniger idyllisch vor. Mir wird klar, daß ich mich wieder einmal im Umfeld von Arbeitssucht befinde, einem Leiden, auf das ich bei meiner Beratungspraxis mit wachsender Regelmäßigkeit stoße. In Firmen, Universitäten, Kirchen, bei Versammlungen von gemeinnützigen Organisationen sowie in Familien bekomme ich immer wieder neue Versionen der Geschichte dieser Frau zu hören. Überall, wo ich hinkomme, scheinen Menschen sich mit Arbeit, Geschäftigkeit, Hetze, Sorgen und übertriebener Hilfe umzubringen. Arbeitssucht ist eine moderne Epidemie, die durch das Land geht.

Arbeitssucht ist ein tödliches Leiden, das unsere Gesellschaft als ganze befällt. John O. Neikirk nennt sie »den Schmerz, dem andere Beifall spenden.«[1] Bryan Robinson bezeichnet sie als »das einzige Rettungsboot, das garantiert sinkt.«[2] Ich nenne sie die unbescholtenste von allen Suchterkrankungen, die gesellschaftlich gefördert wird, weil sie so produktiv zu sein scheint.

Wie immer man sie auch bezeichnet, Tatsache ist, daß Arbeitssucht eine fortschreitende, tödliche Krankheit ist, bei der die oder der Betroffene nach Arbeit süchtig ist. Die Folge dieser Sucht besteht darin, daß der Mensch sein Leben in bezug auf die Arbeit immer weniger bewältigen kann, was auch sämtliche andere Lebensbereiche beeinträchtigt.

Workaholics zeigen die gleichen für Sucht charakteristischen Züge, die man auch bei Alkoholikern, Drogenabhängigen, Beziehungssüchtigen oder zwanghaften Schuldnern vorfindet. Ob die Sucht nun einem Suchtmittel oder einer Tätigkeit gilt, das innere Muster des Leidens bleibt gleich, und diese typischen Züge gelten auch für Arbeitssüchtige. Alkoholiker zum Beispiel verleugnen die Auswirkungen, die ihr Trinken auf ihr Leben und auf ihre Familien hat. Arbeitssüchtige werden raffinierte Gründe dafür erfinden, warum sie so viel arbeiten müssen. Ein eßsüchtiger Mensch wird lügen, wenn es darum geht, wieviel Nahrung er zu sich nimmt. Ein Arbeitssüchtiger wird schlichtweg ›vergessen‹, daß er sich bei der Erledigung von Haushaltseinkäufen auf dem Umweg zu seinem Büro befindet. Wie andere Suchtabhängige auch leben Workaholics mit der Verleugnung. Sie sind unehrlich, kontrollierend, voller Urteile, perfektionistisch, ichbezogen, widersprüchlich in ihrem Denken, verwirrt, krisenorientiert und letzten Endes spirituell bankrott. All diese Charakterzüge bewirken, daß ein Mensch im Krankheitsverlauf der Sucht gefangen bleibt.

Es wird vermutet, daß Arbeitssüchtige auch von dem erhöhten Adrenalinspiegel abhängig sind, der die Folge davon ist, daß sie sich so hart antreiben. Wenn das stimmte, wäre Arbeitssucht eine einzigartige Sucht, da sie in diesem Fall sowohl die Komponente Suchtmittel (die Sucht nach Adrenalin) als auch eine Tätigkeitskomponente (die Sucht nach dem konkreten Arbeitsprozeß) aufweisen würde. Der Adrenalinstoß und die darauf folgende Abhängigkeit, ist besonders gefährlich für Arbeitssüchtige: Er führt zu einer Überschätzung ihrer Arbeitsfähigkeit, so daß sie auch dann weiterarbeiten, wenn ihr Körper, dessen Kräfte versagen mögen, dabei Schaden nimmt.

Die Wirkung der Arbeitssucht zeigt sich in einem immer besesseneren Verhalten in bezug auf die Arbeit. Diese Zwanghaftigkeit übersteigt nach und nach jedes Maß, und im Verlaufe dieses Prozesses verliert der Arbeitssüchtige den Kontakt zur Gegenwart. Für Arbeitssüchtige gilt in ganz besonderem Maße, daß sie aus dem Leben ›wegtauchen‹. Sie sind ihrem eigenen Körper ebenso entfremdet wie ihren Gefühlen, ihrer Familie und ihren Freunden. Der Zwang zur Arbeit hat sie im Griff, und sie sind dessen Sklave. Ihr Leben gehört nicht mehr ihnen selbst. Sie sind tatsächlich wandelnde Leichen.

Damit wir nicht glauben, Arbeitssüchtige würden sich ausschließlich auf ihren Beruf konzentrieren, sollten wir uns ins Gedächtnis rufen, daß diese Menschen auch arbeitslos, unterbeschäftigt oder pensioniert sein können. ›Arbeitssüchtig‹ ist eine weitgefaßte Bezeichnung, die sich auch auf Menschen bezieht, die süchtig sind nach Hetze, nach Sorgen und nach Geschäftigkeit jeder Art, also auf jeden Menschen, der sich getrieben fühlt, zuviel zu tun, ob er nun sechzig Stunden in der Woche arbeitet oder ständig wie ein kopfloses Huhn in der Gegend herumrennt. Im engeren Sinne ist Arbeitssucht die Abhängigkeit davon, tätig zu sein; aber die Tätigkeit kann viele Formen annehmen. Wie wir später noch sehen werden, scheinen einige Arbeitssüchtige relativ unbeweglich zu sein, aber ihre Gedanken rasen nur so. Die Tätigkeiten mögen verschieden sein, aber der Ablauf ist der gleiche: Als Arbeitsüchtiger oder Arbeitssüchtige vergessen Sie sich selbst.

»Ja, aber«, mögen Sie sagen. »Ich liebe meine Arbeit – gilt das dann auch für mich? Manchmal mache ich Überstunden, bin total absorbiert von bestimmten Projekten und nehme mir Arbeit mit in den Urlaub.« Diese und ähnliche Fragen werden mir in Rundfunksendungen gestellt. »Ich liebe meine Arbeit. Bin ich deswegen arbeitssüchtig?« (Interessanterweise haben wir von diesem Leiden ein dermaßen geringes Bewußtsein, daß wir noch nicht einmal wissen, ob wir davon befallen sind! Wieviele Heroinabhängige, die sich Spritzen in die Venen geben, würden eine solche Fragen stellen?)

Tatsächlich gibt es Menschen, die ihre Arbeit lieben und schwer arbeiten, aber zwischen ihnen und einem Workaholic stehen ganzen Welten. Es gibt Zeiten, in denen ein gesund arbeitender Mensch länger im Büro bleibt oder von einem bestimmten Projekt ganz in Anspruch genommen wird. Aber dieser Mensch wird nicht von Depressionen und Panik befallen, wenn die Aufgabe erledigt ist. Der gesund arbeitende Mensch widmet seinen persönlichen Beziehungen Zeit und Aufmerksamkeit. Er fühlt sich müde und respektiert seine Erschöpfung, indem er sich ausruht und freie Zeit gönnt. Ein solcher Mensch sorgt dafür, daß sein Leben ausgewogen ist. Für den gesund arbeitenden Menschen ist die Arbeit nur ein Aspekt des Lebens, der dieses bereichert; das Leben des Arbeitssüchtigen dagegen ist reduziert. Er kann zur Arbeit und ihren Anforderungen nicht nein sagen. Statt dessen sucht der Arbeitssüchtige die Arbeit, denn sie ist seine ›Spritze‹, sein ›Nachschub‹. Und immer wenn Arbeitssüchtige keinen Nachschub mehr haben, sind sie verzweifelt.

Arbeitssucht ist ein Zwang, eine Krankheit. Keine noch so große Willenskraft wird den Alkoholiker daran hindern, ein Glas zu trinken, und kein Maß an Entschlossenheit kann den Arbeitssüchtigen von der Arbeit abhalten. Das Problem des Arbeitssüchtigen wird natürlich verschärft durch ein soziales Umfeld, das Arbeitssucht belohnt. Kein Wunder, daß meine Radioanrufer so verwirrt sind. Innere Anzeichen sagen ihnen, daß etwas mit ihrer Arbeitsweise nicht stimmt, aber äußerlich liefert ihnen unsere Gesellschaft eine ganze Reihe von positiven Mythen über Arbeitssucht. Mit diesen Mythen etabliert die Gesellschaft die Arbeitssucht als Norm und macht uns blind für die verheerenden Folgen dieser Krankheit.

1 Arbeitssucht:
Realität und Mythos

Peter ist anfang vierzig. Er ist Diplom-Ingenieur und hat ein sehr hohes Jahresgehalt. Er fährt einen Sportwagen, und in der Garage steht ein Kombiwagen für seine Frau und für Familienausflüge. Er wohnt im eigenen Haus in einem Vorort. Peter arbeitet durchschnittlich sechzig Stunden in der Woche einschließlich der Wochenenden. Seine Kinder sind noch klein, und er sieht sie nur selten, weil er das Haus verläßt, bevor sie aufstehen, und nach Hause zurückkehrt, wenn sie bereits im Bett liegen. Peter hat seit Monaten nichts mit seinen Kindern zusammen gemacht. Sein Apothekenschrank ist voll mit rezeptpflichtigen und rezeptfreien Pillen, die ihm zu Schlaf verhelfen und seinen Magen beruhigen sollen, der sich in letzter Zeit sehr oft bemerkbar macht. Er ist immer in Reichweite seines kabellosen Telefons oder schaltet seinen Anrufbeantworter ein. Peter kommt voran und sagt, er sei glücklich. Das ist ein Mythos, und Peter lebt danach.

Ein Mythos ist ein mächtiger Glaube, der von der Mehrheit der Gesellschaft zumeist nicht hinterfragt wird. Mythen werden verinnerlicht und prägen damit die Art und Weise, wie die Dinge sind. Oft gewinnen sie ihre Macht aus unserer unhinterfragten Einstellung zu ihnen. Im Verlaufe meiner Interviews und Untersuchungen für dieses Buch bin ich auf viele Mythen über Arbeitssucht gestoßen. Ich glaube, es ist wichtig, daß wir diese Überzeugungen genau als das sehen, was sie sind – Rationalisierungen, die dafür sorgen, daß wir sowohl im Suchtprozeß steckenbleiben als auch an unserer Verleugnung der Arbeitssucht festhalten. Einige weit verbreitete Mythen über Arbeitssucht beinhalten folgendes:

- Arbeitssüchtige arbeiten ständig
- Von Arbeitssucht sind lediglich hochgestellte leitende Angestellte und die neue Generation junger Karrieremacher betroffen.
- Arbeitssucht ist lediglich Streß und totale Erschöpfung.
- Arbeitssucht kann man mit Entspannungstechniken ›in den Griff bekommen‹.
- Von schwerer Arbeit ist bislang noch niemand gestorben.
- Arbeitssucht ist für Unternehmen profitabel.
- Arbeitssucht ist eine positive Form von Sucht.
- Arbeitssüchtige sind enorm produktiv, sie kommen voran.
- Arbeitssucht wirkt sich nur auf den Arbeitssüchtigen nachteilig aus.
- Arbeitssüchtige sind glücklich.

Lassen Sie uns einen näheren Blick auf die Realität werfen, die hinter diesen falschen Annahmen steht.

Arbeitssüchtige arbeiten ständig

Es stimmt, daß Arbeitssüchtige viel arbeiten, aber daß sie ständig arbeiten, ist ein Mythos. Für einige Arbeitssüchtige besteht das Problem darin, daß sie der Arbeit ständig aus dem Weg gehen. Darum wäre es ein Fehler, von einem Menschen, der nichts tut, anzunehmen, er wäre nicht von der Arbeit besessen. Das Leben eines Mensch, der unter chronischer Arbeitsunlust leidet, kann ebenso aus der Bahn geraten sein, wie das desjenigen, der sich ständig überarbeitet.

Einige Arbeitssüchtige haben Arbeitsanfälle – plötzliche Phasen, in denen sie enorm angestrengt arbeiten, um sich anschließend wochenlang freizunehmen. Der Punkt ist der *Umgang* mit Arbeit, nicht die zeitliche Beschäftigung damit.

In den fortgeschrittenen Stadien der Krankheit Arbeitssucht sitzen einige Arbeitssüchtige einfach nur da und starren apathisch vor sich hin.

Mehrere Arbeitssüchtige aus meinem Bekanntenkreis, mit denen ich über diesen Mythos gesprochen habe, lachten über die Vorstellung, sie würden ›ständig arbeiten‹. »Meine Krankheit ist sehr viel heimtückischer«, sagte Paul.

Wenn ich immer nur arbeiten würde, würden mir meine Familie und meine Freunde auf den Hals rücken. Aber ich sitze vor dem Fernseher und denke über die Arbeit nach. Ich höre mir ein Konzert an und plane im Geiste meine nächsten Arbeitsschritte. Ich liege im Bett und diskutiere in Gedanken mit meinem Chef ein Arbeitsprojekt. Auf diese Weise ist alles einfacher. Niemand kann mir vorwerfen, ich würde zuviel arbeiten, und ich kann mein Geheimnis wahren und mir meinen ›Nachschub‹ sichern.

Also *arbeitet* Paul tatsächlich ständig; nur daß das für andere nicht offensichtlich ist.

Arbeitssüchtige müssen also nicht ständig konkret etwas tun. Es gibt arbeitslose Arbeitssüchtige, arbeitssüchtige Hausfrauen und Arbeitssüchtige auf Urlaub. Das ist eine Identitätsfrage. Eine Freundin, die an einem Genesungsprogramm für ihre Arbeitssucht teilnimmt, hat beobachtet, daß sie zwar nicht ständig das zwanghafte Gefühl hat, Aufgaben erledigen zu müssen, statt dessen aber glaubt, ihre Identität aus der Arbeit zu gewinnen. Sie arbeitet gut und normal, und trotzdem betrachtet sie ihr Tun und ihre Leistungen hauptsächlich als Spiegel dafür, wer sie ist. Dabei fällt mir der Bürgermeister von Indianapolis ein, der in einem Fernsehinterview die Bemerkung machte: »Ich habe mich als Mensch vom Sein zum Tun bewegt.« Wenn Sie Ihre Identität einzig und allein aus der Arbeit gewinnen, sind Sie süchtig. Dann hat die Arbeit Sie – und nicht umgekehrt.

Von Arbeitssucht sind lediglich hochgestellte leitende Angestellte und die neue Generation junger Karrieremacher betroffen

Die Medien tragen zu diesem Mythos über Angestellte in leitenden Positionen bei, weil das die Menschen sind, die sie uns häufig vorsetzen, wie sie mit ihrem arbeitssüchtigen Lebensstil prahlen. Irgendwie, so der Mythos, geht Arbeitssucht einher mit einem eigenen Büro, großartigen Geschäftsessen und Autotelefon. Dabei ist die Arbeitssucht mit ihren Opfern überhaupt nicht wählerisch. Hausfrauen sind häufig arbeitssüchtig. Mehrere arbeitssüchtige Hausfrauen haben mir erzählt, sie seien ständig am Tun und Machen, ein Sechzehn-Stunden-Arbeitstag sei für sie das übliche, und das alles im Interesse ihres Ziels, perfekte Ehefrauen und Mütter zu sein.

In den USA, Europa und Japan häufen sich besorgte Kommentare über den Druck, den Kinder empfinden, weil sie von der Vorschule an brillieren und vorankommen müssen. Für einige dieser Kinder kann Arbeitssucht in Form von ausgezeichneten schulischen Leistungen, Sport und anderen außerschulischen Aktivitäten eine Entlastung von ansonsten gestörten Familien darstellen; aber viele zeigen bereits jetzt Anzeichen dafür, daß sie sich zu Typ A Persönlichkeiten entwickeln.

Und schließlich wird Arbeitssucht durch unser gesellschaftliches Klassensystem gefördert. Es gibt Scharen von alleinstehenden Müttern und Vätern, die in zwei oder drei verschiedenen Teilzeitjobs arbeiten müssen, weil sie sonst äußerst arm wären. Für sie kann gelten, daß sie überhaupt keinen Zwang zu arbeiten verspüren, sondern der soziale Druck zu überleben die antreibende Kraft darstellt.

Arbeitssucht ist lediglich Streß und totale Erschöpfung

Wenn der Arbeitssucht nicht Einhalt geboten werden kann, führt sie bei Menschen unweigerlich zur totalen Erschöpfung; aber Streß und totaler Zusammenbruch sind nicht identisch mit Arbeitssucht. Einige Menschen werden vielleicht durch eine ganze Reihe von Erlebnissen körperlich oder emotional geschwächt. Sie ziehen sich dann zurück, nehmen sich Zeit, um sich auszukurieren, wechseln vielleicht ihren Arbeitsplatz und nehmen dann ihr Alltagsleben und ihre berufliche Tätigkeit wieder auf. Aus einer solchen Erfahrung lernen sie, warnende Anzeichen in Zukunft früher zu beachten und ihre Erwartungen an sich und andere entsprechend zu ändern.

Auch Arbeitssüchtige zeigen Streß und totale Erschöpfung, und trotzdem beinhaltet ihre Krankheit mehr als diese beiden Symptome. Sie ist chronisch und fortschreitend, nicht akut. Sie steht für eine Gesamteinstellung zum Leben. Dieses Krankheitsbild zu verleugnen, bedeutet für Arbeitssüchtige, daß sie zu halbherzigen Maßnahmen (wie Entspannungstechniken) greifen, um ein Leiden zu behandeln, das sie körperlich, emotional, geistig und spirituell beeinträchtigt. »Halbe Sachen nützen uns gar nichts«, heißt es im *blauen Buch*[2] der Anonymen Alkoholiker. Wenn nur auf den Streß und die totale Erschöpfung eingangen wird, können diese Symptome gemildert werden, aber der zugrundeliegende Krankheitsverlauf bleibt davon unberührt.

Arbeitssucht kann man mit Entspannungstechniken ›in den Griff bekommen‹

Stimmt nicht! Streß kann man mit Entspannungstechniken in den Griff bekommen, aber Arbeitssucht nicht. Als wir *The Addictive Organization* schrieben, mußten wir überrascht entdecken, daß es auch unter den Menschen, die am gesündesten aussahen, Arbeitssüchtige gibt. Manche von ihnen haben sich angewöhnt, sich gesund zu ernähren und regelmäßig Sport zu treiben. Später entdeckten wir, daß ihr hingebungsvoller Einsatz für ihre körperliche Gesundheit im Dienste der Sicherung ihres ›Nachschubs‹ stand. Denn wie können Arbeitssüchtige in Kontakt mit ihrem Suchtmittel (der Arbeit) bleiben, wenn ihr Körper nicht mitmacht? Die Entspannungstechniken rufen in Wirklichkeit den gegenteiligen Effekt hervor. Sie versetzen Arbeitssüchtige in die Lage, noch eine Weile weiterzumachen, bevor sie die tödlichen Folgen der Krankheit erfahren.

Von schwerer Arbeit ist bislang noch niemand gestorben

Ich befinde mich in Iowa bei einem Treffen protestantischer Geistlicher aus den umliegenden Gegenden. Es sind rotwangige, abgehärtete, schwer arbeitende Menschen, die ihrem Amt größtenteils in ländlichen Gemeinden nachgehen. Diese Geistlichen stammen aus Bauernfamilien, in denen das Motto lautet, ›Von schwerer Arbeit ist bislang noch niemand gestorben.‹ Sie glauben an diese Aussage, denn sie haben die Erfahrung gemacht, daß schweres Arbeiten ihnen Schwierigkeiten erspart und sie damit in Familie und Gemeinde einen positiven Beitrag leisten. Leider geschieht im ländlichen Iowa etwas Neues. Geistliche in jüngeren und mittleren Jahren verlassen ihr Amt, enttäuscht und unglücklich. Es scheint nicht zu helfen, daß sie noch schwerer arbeiten. Ihre Fürsorge für andere bringt ihnen lediglich totale Erschöpfung ein.

Schwere körperliche Arbeit kann helfen, Ihren Cholesterinspiegel zu senken, aber Arbeitssucht bringt Sie um. Diese Sucht kann Ihnen früher den Tod bringen als andere Süchte, weil die körperlichen Auswirkungen dieser Krankheit aufgrund der Tendenz des Arbeitssüchtigen zu vernünftiger Ernährung und körperlicher Betätigung schwerer zu entdecken sind. Viele Arbeitssüchtige sterben an Herzanfällen oder werden dadurch körperlich geschwächt. Andere gefährden ihr Leben und das Leben anderer durch die Blackouts, die sie beim Autofahren haben. Eine tödliche Krankheit zu haben bedeutet, daß Sie allmählich daran sterben. Folglich kann jeder Workaholic, der sich nicht auf dem Wege der Genesung befindet, von sich sagen: »Die Arbeit bringt mich um.«

Arbeitssucht ist für Unternehmen profitabel

Raten Sie noch einmal! Das Gegenteil stimmt. Überall wo ich hinkomme, höre ich diesen Mythos, und als Unternehmensberaterin verbringe ich sehr viel Zeit in Firmen. Eine bei Angestellten und mittleren Führungskräften verbreitete Beschwerde lautet, daß Unternehmen Arbeitssucht fördern. Sie sind aktiv auf Arbeitssüchtige aus und belohnen sie.

Meine Untersuchungen haben ergeben, daß Arbeitssüchtige nicht nur keine Wohltat für Firmen sind, sondern die Unternehmen letzten Endes Geld kosten. Einige Arbeitssüchtige machen bei all ihrer Produktivität Fehler. Sie arbeiten plötzlich auf Hochtouren, was eine Zeitlang einen guten Eindruck macht, und lassen dann nach, bis sie völlig unproduktiv sind. Arbeitssüchtige, die auch von Hetze abhängig sind, sehen immer beschäftigt aus, gehen aber meistens so schnell vor, daß sie Fehler machen, die dann korrigiert werden müssen.

Ich habe bei mir zu Hause einmal Sonnenkollektoren zum Heizen installieren lassen. Die Firma, die dieses System verkaufte und anbrachte, sandte eine Mannschaft, die von einem arbeits- und streßsüchtigen Vorarbeiter angeleitet wurde. Man hatte mir gesagt, daß die Leute für die Installation insgesamt fünf Tage brauchen würden. Stellen Sie sich meine Überraschung vor, als das Team nach drei Tagen ging. Mir wurde versichert, daß das System richtig installiert worden sei. Zwei Wochen später kam die ganze Mannschaft wieder. Sie hatten nicht nur das Heizsystem falsch angebracht, sondern auch die Filterpumpe in meinem Swimmingpool beschädigt. Der Firma entstanden dann die Kosten für die Neuinstallation des Systems und für den Ersatz meiner Pumpe. Als ich mit dem Firmenbesitzer sprach, schüttelte er nur frustriert den Kopf. »Wir können uns zwar Reparaturen leisten«, sagte er, »aber man sollte denken, daß wir auch die Gewähr bieten können, es gleich beim ersten Mal richtig zu machen.«

Fehler wie diese sind für Arbeitssüchtige typisch. Sie kosten Zeit, Geld und emotionalen Aufwand. Wir müssen uns auch die Kosten klar machen, die mit der totalen Erschöpfung verbunden sind, die bei Arbeitssüchtigen zunehmend wächst. Krankenversicherungen berichten, daß die Leistungsansprüche, die wegen Arbeitsunfähigkeit aufgrund von Streß, totaler Erschöpfung und psychischen Leiden geltend gemacht werden, doppelt so hoch liegen wie die für Arbeitsausfälle aus anderen Gründen.

Immer wenn Unternehmen den Mythos vom Arbeitssüchtigen in bezug auf Individuen oder die gesamte Firma fördern, denken sie damit kurzfristig. Dieses Denken kann vielleicht tatsächlich zu spektakulären vorübergehenden Resultaten führen, hat aber längerfristig verheerende Folgen. Arbeitssucht ist für Unternehmen einfach nicht profitabel.

Arbeitssucht ist eine positive Form von Sucht

Arbeitssucht und die Sucht nach Fitneß sind zwei Formen von Sucht, die oft als ›positiv‹ beschrieben werden. Ich glaube, Menschen bezeichnen diese Süchte als positiv, weil sie bestimmte Resultate sehen: Workaholics verdienen viel Geld, Fitneßsüchtige haben ansehnliche Körper. Das ist doch ganz klar besser, so argumentieren sie, als sich in einem verlassenen Gebäude herumzudrücken und auf den nächsten ›Schuß‹ zu warten.

Zunächst einmal ist die Bezeichnung ›positive Sucht‹ ein Widerspruch in sich. Eine Sucht ist eine fortschreitende, tödliche Krankheit. So etwas wie eine wohltuende Sucht gibt es nicht: Es liegt in der Natur von Sucht, daß sie Sie umbringt.

Ein ehemaliger Drogenabhängiger, der zum zwanghaften Arbeiter oder Läufer wird, hat den Inhalt seiner Sucht geändert, aber der Suchtverlauf bleibt der gleiche. Arbeitssüchtige gehen mit Arbeit ebenso unehrlich und kontrollierend um, wie Drogenabhängige mit ihrem Drogenkonsum.

Auf den ersten Blick mag die Arbeitssucht positiv aussehen, aber bei näherer Untersuchung kann man diese Illusion schwer aufrechterhalten, weil man dann sieht, daß das Privat- und Berufsleben des Arbeitssüchtigen ein Trümmerhaufen ist. Wer glaubt, daß Arbeitssucht eine positive Sucht ist? Die Familie des Süchtigen? Das ist unmöglich. Sie ist voller Groll und Ärger über den Verlust des geliebten Menschen. Enge Bekannte? Sie machen die gleichen Erfahrungen wie die Familienmitglieder. Vorgesetzte und einige Mitarbeiter sehen die Arbeitssucht vielleicht positiv. Auch die Medien scheinen diese Sucht als ein erstrebenswertes Verhalten zu fördern. Viele soziale Institutionen bestätigen einen süchtigen Arbeitsstil, und genau da mag das Problem liegen.

Arbeitssüchtige sind enorm produktiv, sie kommen voran

Arbeitssüchtige kommen nur selten voran, weil die Auswirkungen ihres süchtigen Arbeitsstils ihnen häufig zur Falle werden. Viele Workaholics machen Fehler und müssen zusätzliche Zeit aufwenden, um die Spuren ihrer Fehler zu verwischen. Oft ist ihr Urteilsvermögen beeinträchtigt, und sie treffen falsche Entscheidungen, die sie teuer bezahlen müssen. Eine Cutterin beim Film beschrieb ihren Arbeitsstil als den eines Huhns, das kopflos in der Gegend herumrennt. Sie brüllte ihren Assistentinnen Anweisungen zu, und diese machten sich schleunigst auf den Weg, sie auszuführen. Nachdem der halbe Morgen um war, wurde ihr plötzlich klar, daß sie die Folgen ihrer Anweisungen gar nicht richtig durchdacht hatte; sie mußten ganz anders vorgehen. Sie wies ihre Assistentinnen mitten in der Arbeit an aufzuhören, rief die Leute an, die sie wirklich brauchte, und immer so weiter. Die Verheerung war schon weit fortgeschritten, als die Cutterin endlich aufwachte. Mitarbeiter mußten extra Zeit aufwenden, um sich bei Klienten und Lieferanten zu entschuldigen. »Am Ende des Tages hatte ich nicht nur nichts erreicht, sondern war noch weit hinter das zurückgefallen, was mir geblieben wäre, wenn ich zur Arbeit gekommen und den ganzen Tag regungslos dagesessen hätte«, sagte sie.

Albert Einstein ist ein gutes Beispiel für einen Menschen, der den Verlauf von Wissenschaft und Geschichte änderte, ohne wie ein Tier zu arbeiten. Einstein arbeitete morgens in seinem Labor, und nachmittags ging er segeln. Auf die Relativitätstheorie stieß er, »als ich eines Tages einen Apfel aß. Da kam mir die Antwort und sie sagte: ›Hier bin ich!‹.«

Vielleicht kommen einige Arbeitssüchtige voran, wenn man vorankommen gleichsetzt mit Beförderungen und Gehaltserhöhungen. Aber wir müssen nach dem Preis fragen, den sie dafür zahlen. Viele Frauen haben jetzt Jahre an Arbeitsplätzen verbracht, auf die sie einstmals neidisch waren und die sie unbedingt einnehmen wollten. Nachdem sie es schließlich ›geschafft haben‹, fragen sie sich: »Ist das alles?« Es zu schaffen kann sehr schal sein, wenn Sie zwar auf Ihrer Stelle sitzen, dabei aber sich selbst und die Menschen, die Sie lieben, verloren haben. Arbeitssüchtige haben ihre Sucht, aber ihr Leben haben sie nicht in der Hand.

Arbeitssucht wirkt sich nur auf den Workaholic nachteilig aus

Arbeitssucht ist kein privates Leiden. Arbeitssüchtige beeinträchtigen alle, mit denen sie in Berührung kommen – je enger die Beziehung, desto größer der Schmerz. Die Familienangehörigen von Arbeitssüchtigen sind voller Ärger und Groll. Sie haben das Gefühl, einen Partner, eine Partnerin, einen Vater oder eine Mutter verloren zu haben. Sie rebellieren gegen die tägliche Realität, daß sie im Leben des oder der Arbeitssüchtigen nicht an erster Stelle stehen.

Arbeitssüchtige sind für die Menschen, die sie lieben, emotional nicht da. Sie sind oft in Gedanken vertieft und machen Versprechungen, die sie nicht halten. Ob zu Hause oder bei der Arbeit, sie sind von der Krankheit so besessen, daß diese sie anderen entführt.

Die Angehörigen von Arbeitssüchtigen müssen sich ihrer eigenen Verleugnung stellen sowie den Verhaltensweisen, mit denen sie die Arbeitssucht unterstützen. Die Partnerinnen und Partner von Arbeitssüchtigen berichten, daß sie ständig deren Absichten durchschauen und sie kontrollieren wollen, in dem Versuch, Zeit mit ihnen zu verbringen. Diese Bemühungen scheitern meistens und vergrößern die Entfremdung noch. Der Mann einer arbeitssüchtigen Krankenschwester sagte:

Ich ließ zu, daß ich mich im Spinnetz des Leidens meiner Frau verfing. Sie hielt unsere Familie mit ihrem wahnwitzigen Terminplan unter Kontrolle, und ich kontrollierte sie mit den Ultimaten, die ich ihr stellte. Am Ende verhielten wir uns beide gleich. Ich fühlte mich als Opfer. Es ging mir schlecht.

Sämtliche Süchte haben eine Beziehungskomponente und eine soziale Komponente. Wenn wir dieses Leiden auf uns beschränken könnten, gäbe es nicht die große Anzahl erwachsener Kinder von Süchtigen und gestörter Familien, wie wir sie heute vorfinden. Arbeitssüchtige neigen zu dem Glauben, sie könnten ihre Krankheit geheim halten, aber das ist charakteristisch für dieses Leiden – illusorisches Denken. Freunde, Familie, Firmen und die Gesellschaft werden alle durch Arbeitssucht beeinträchtigt.

Arbeitssüchtige sind glücklich

In der jüngsten Ausgabe der Zeitschrift *American Health* heißt es: »An die Spitze gelangen kann jeder! Wahre Gewinner erhalten jedoch eine zusätzliche Prämie: sie sind glücklich.« Der Autor definiert Glück als ein ausgewogenes Leben.[1] In hunderten von Interviews mit Arbeitssüchtigen habe ich ein ganzes Spektrum an Beschreibungen gehört – das Wort ›glücklich‹ kam dabei selten vor.

›Glücklich sein‹ bedeutet, sich in diesem Augenblick wohlzufühlen. Arbeitssüchtigen fällt es schwer, im Hier und Jetzt zu bleiben. Sie befinden sich ständig in der Vergangenheit oder in der Zukunft, vermeiden Arbeit oder sind am arbeiten.

Workaholics fühlen sich getrieben von dem Zwang zu arbeiten. Sie fühlen sich auch innerlich leer. Weder Getriebensein noch Leere sind gleichbedeutend mit Glück.

Einige Arbeitssüchtige sagen, sie würden glücklich sein, wenn ihre Aufgaben erledigt sind. Aber natürlich ist die Arbeit niemals fertig. So baumelt ihnen das Glück wie die sprichwörtliche Karotte vor der Nase und ist immer nur so weit entfernt wie das nächste Arbeitsprojekt.

Der Mythos, daß Arbeitssüchtige glücklich seien, gleicht dem Mythos, daß sie produktiv seien. Beides sind Illusionen einer süchtigen Gesellschaft, die uns gern blind für das machen möchte, was tatsächlich vor sich geht.

»Glücklich?« lachte eine Bekannte, die jüngst mit ihrer Genesung von Arbeitssucht begann. »In meiner Familie gab es nur die Worte ›gut‹, ›produktiv‹, ›Arbeit‹ und ›laß uns stolz auf dich sein können.‹ Das Wort ›glücklich‹ habe ich nie gehört. Glücklich war ich an dem Tag, an dem ich schließlich sagte: ›Ich bin machtlos über diese Krankheit in meinem Leben.‹ Aber das war ein so flüchtiges Gefühl, daß ich gar nicht wußte, was es war!«

Ein paar Arbeitssüchtige mögen phantastische Gehälter verdienen, einige mögen an die Spitze gelangen, wieder anderen kommen gerade so über den Tag. Wenige sind wirklich glücklich.

2 Vier Typen
von Arbeitssüchtigen

Ich glaube, unser Wissen über und unser Bewußtsein von Arbeitssucht ist so spärlich, daß wir dem naiven Glauben anhängen, ein Arbeitssüchtiger sei einfach ein Mensch, der zuviel arbeitet. Da Suchterkrankungen, nach den Erfahrungen von Gruppen, die mit dem Zwölf-Punkte-Programm arbeiten, »heimtückisch, verblüffend, geduldig und mächtig sind«, können sie ihre Form ändern. Ich habe mindestens vier Formen von Arbeitssucht entdeckt. Ich bin sicher, daß es noch mehr gibt, aber folgende vier Formen sind meiner Meinung nach am weitesten verbreitet: der zwanghafte Arbeiter, der Arbeiter mit plötzlichen Arbeitsanfällen, der heimliche Arbeiter und der chronisch Arbeitsunlustige.

Der zwanghafte Arbeiter

Der zwanghafte Arbeiter steht für die Form von Arbeitssucht, die wir am besten kennen. Dies ist der Workaholic im allgemeinen Sinne – der Mensch, der sich ständig zur Arbeit getrieben fühlt. Unser Klischeebild vom Arbeitssüchtigen geht auf diesen Typ zurück.
Diese Arbeitssüchtigen erscheinen bei der Arbeit als erste und gehen als letzte. Sie nehmen sich Arbeit mit in den Urlaub – wenn sie überhaupt Urlaub machen. Urlaubsplänen stimmen sie meistens bis auf die letzte Minute nicht zu. Sie planen Urlaub nie im voraus, weil »man ja nie weiß, was noch an Arbeit auf einen zukommt«. Zwanghafte Arbeiter arbeiten meistens auch dann,

wenn Chefs es gar nicht von ihnen verlangen oder keine festen Firmentermine eingehalten werden müssen.

Zwanghaftigkeit und Perfektion gehen bei diesen Arbeitssüchtigen Hand in Hand. Eine Sekretärin in einer Ölfirma berichtete, daß sie oft Abgabetermine für Freitag habe, mit der entsprechenden Arbeit aber schon am Mittwoch fertig sei. Aber deswegen konnte sie bis Freitag nicht langsamer machen. Nein, sie benutzte diese beiden zusätzlichen Tage dazu, ihr Projekt immer wieder zu überarbeiten, bis es ›perfekt‹ war. Kam dann der Freitag, war sie erschöpft und mit ihren anderen Aufgaben im Verzug. Montags begann dieser Ablauf dann wieder von neuem. Auch wenn dieses Verhaltensmuster für die Sekretärin nervenaufreibend und schädlich war, fuhr sie damit fort, ohne die negativen Folgen zu berücksichtigen.

Zwanghafte Workaholics sind unaufrichtig. Es ist unvermeidlich, daß andere anfangen, ihre Verhaltensmuster zu bemerken. Schon bald lügen sie in Hinsicht auf ihre Arbeit. Sie halten Arbeitsvorhaben vor anderen geheim. Sie hüten ihren Arbeitsvorrat. Sie schlagen ärgerlich um sich, wenn die Menschen, die sie lieben, sie zur Rede stellen wollen. Sie fühlen sich mißverstanden. Sie machen Versprechungen: »Wenn du mich doch nur verstehen würdest. Laß mich nur noch diese eine Sache fertig machen, dann habe ich Zeit für dich.« Ganz typisch ist für den zwanghaften Arbeitssüchtigen, daß auf eine erledigte Sache sofort etwas ebenso Dringendes folgt, das getan werden muß. Die Arbeit ist der Gott des zwanghaften Arbeiters, und diesem Gott darf sich nichts und niemand in den Weg stellen.

Typisch für zwanghaft arbeitende Menschen ist eine verengte Sicht. Sie sehen nur eine Sache, und das ist die Aufgabe, die vor ihnen liegt und der eine ganze Reihe weiterer Aufgaben folgt. Im Zusammenleben sind sie hinterlistig, denn oft erledigen sie diese Arbeiten für die Familie – um dieser ein besseres Leben zu sichern. Viele Co-Abhängige von zwanghaften Arbeitern fühlen sich hin- und hergerissen. Sie hören die süchtige Person sagen: »Mir gefällt das auch nicht, aber ich tue es für unser Leben, für dich.« Diese Einstellung stellt für die Familie immer eine Falle dar und dient dazu, sie vom Nachschub des süchtigen Menschen – nämlich seiner Arbeit – fernzuhalten.

Der Typ ›zwanghaft Arbeitssüchtiger‹ unterscheidet sich von den anderen Typen insofern, als seine Sucht meistens ganz offensichtlich ist. Auch wenn er hinsichtlich seiner Sucht unehrlich ist und feindselig reagiert, wenn man ihn darauf anspricht, ist er doch leicht zu überführen, weil er ständig arbeitet.

Der Arbeiter mit plötzlichen Arbeitsanfällen

Dieser Typ Arbeiter weist die gleichen charakteristischen Züge auf wie der Zwanghafte, mit einer wichtigen Ausnahme: das Kennzeichen seiner Sucht ist Intensität, nicht Beständigkeit. Workaholics mit plötzlichen Arbeitsanfällen gleichen Trinkern oder Eßsüchtigen mit Trink- beziehungsweise Freßanfällen. Sie verhalten sich scheinbar ›normal‹, bis sie auf einmal einen Arbeitsanfall bekommen. Vielleicht schlafen sie dann nächtelang nicht. Tatsächlich konzentrieren sie sich so stark auf die Arbeit, die vor ihnen liegt, daß sie jedes Zeitgefühl verlieren.

Christian ist ein Arbeiter mit plötzlichen Arbeitsanfällen. Er hält Management-Seminare für eine Regierungsbehörde ab. Er genießt einen guten Ruf auf einem Gebiet, auf dem Leistung von den Teilnehmern und Teilnehmerinnen an seinen Seminaren immer geschätzt wird. Er hat eine sichere Stelle und ist regelmäßig befördert worden. Christian ist verheiratet und hat zwei Söhne im Teenageralter. Obwohl er aus einer Alkoholikerfamilie stammt (sein Vater starb an Alkoholismus, als Christian achtzehn Jahre alt war), glaubt er, daß er keinerlei Suchtprobleme hat – wenigstens war das bis vor kurzem der Fall. Christians plötzliche Anfälle von Arbeitswut nehmen ständig zu.

Alles läuft bei ihm gut, und dann plötzlich stellt er fest, daß er das überwältigende Bedürfnis verspürt, in seinem Büro zu bleiben und »ein paar Dinge zum Abschluß zu bringen«. Er verliert jedes Zeit- und Orientierungsgefühl, wenn er einen Arbeitsanfall hat. Manchmal dauern diese Anfälle eine Woche oder zehn Tage. Der längste hielt zwei Wochen an. Während dieser Zeit arbeitete John durch und schlief nachts nur vier Stunden. Einige Nächte schlief er auf einer Matte auf dem Fußboden seines Büros. Er beschreibt den Anfall als eine Zeitspanne, in der er nicht mehr er selbst und besessen von der Arbeit ist. Diese Besessenheit führt zu einer Art Betäubung gegenüber sämtlichen anderen Bereichen seines Lebens. Er beachtet seine körperlichen oder psychischen Bedürfnisse nicht. Sein Büro ist übersät von den Abfällen der Fertigmahlzeiten. Er sieht grau im Gesicht aus; für seine Familie ist er einfach »weg«.

Die zunehmende Häufigkeit dieser Anfälle ist für Christian beängstigend. Anfangs kam es nur ein- oder zweimal im Jahr dazu. Jetzt treten diese Anfälle jeden Monat mehrmals für mehrere Tage auf. Außerdem, sagt Christian, sei er nach einem Arbeitsanfall »zu nichts zu gebrauchen«. Er fühlt sich wie ein Trinker, der einen Kater hat.

Christian hat tatsächlich einen Kater. Der einzige Unterschied zwischen ihm und seinem Alkoholiker-Vater besteht darin, daß er als Suchtmittel die Arbeit gewählt hat. Wie der Gelegenheitstrinker ›spart‹ sich Christian Arbeit auf, um in den wenigen Arbeitstagen ›einen drauf zu machen‹. Die Arbeit ist für ihn wie ein Medikament, das ihn betäubt gegen seine Gefühle, seine Fragen und vielleicht auch seinen unbewältigten Schmerz. Er hat inzwischen soviel zu tun mit den Anfällen und deren Folgen, daß er für sein restliches Leben keine Zeit mehr hat. Seine Familie, die anfangs Verständnis gezeigt hat, macht sich jetzt Sorgen, daß Christian sich auf Kollisionskurs befindet und krank wird, wenn er so weiter macht.

Wenige Monate, nachdem ich Christians Geschichte auf Band aufgenommen hatte, hörte ich, daß er wegen Erschöpfung ins Krankenhaus gekommen ist und der Arbeit zwei Monate lang fern blieb.

Die Sucht nach Arbeitsanfällen ist vielleicht deshalb schwer aufzudecken, weil die meisten von uns Zeiten kennen, in denen wir uns mehr anstrengen oder länger als sonst arbeiten müssen. Aber wenn Arbeitsanfälle sich in unserem Leben zu einem festen Verhaltensmuster entwickeln oder von einem Unternehmen erwartet werden, dann hat die Sucht nach Arbeit eingesetzt. Fatale Folgen, wie Christian sie erlebte, sind unvermeidlich, wenn dieses Muster nicht durchbrochen wird.

Der heimliche Arbeiter

Wenn Sie jemals einen heimlichen Esser gekannt haben, werden Sie den heimlichen Arbeitssüchtigen verstehen. In der Öffentlichkeit – das heißt an Orten, wo er beobachtet werden kann – ißt ein heimlicher Esser ganz normal. Trotzdem nimmt dieser Mensch auf mysteriöse Weise ständig zu. Nimmt er zwischen Freßanfällen Abführmittel, kann er sogar abnehmen. Heimliche Arbeitssüchtige gehen ähnlich vor.

Heimliche Workaholics haben oft das nagende Gefühl, daß mit ihrem Arbeitsstil etwas nicht stimmt. Vielleicht haben auch ihre Familie und andere ihnen nahestehende Menschen es auf sie ›abgesehen‹ und fordern, daß sie sich ihre Arbeitssucht anschauen. Dann mag der heimliche Arbeiter halbherzig versprechen, das Arbeiten zu reduzieren oder einzustellen, ohne sein Versprechen einhalten zu können.

Es gibt mindestens zwei Typen heimlicher Arbeitssüchtiger. Nummer eins versteckt die Arbeit tatsächlich und erledigt sie, wenn die Wahrscheinlichkeit, entdeckt zu werden, gering ist. Das sind die Menschen, die Aktenordner in Gymnastikbeuteln oder Strandtaschen »beschlagnahmen«, um sie sofort hervorzuziehen, wenn ihre Begleitung sich auf den Weg macht, sich zu amüsieren. Harald war auf diese Weise süchtig. Da er sich jetzt auf dem Weg der Genesung befindet, kann er sich heute die Zeit anschauen, die er ironisch seinen »vergnüglichen Hawaii-Urlaub« nennt.

Nachdem sie jahrelang keinen Urlaub gemacht hatten, fuhren Harald und seine Frau Karin schließlich nach Hawaii. Aber Harald, der Metallurge ist, ergriff die Panik bei dem Gedanken, seiner Arbeit fernzubleiben, und »Sie müssen natürlich wissen, daß wir in den zwei Wochen, die ich wegbleiben würde, ein neues Produkt testen wollten.« Harald hatte Karin diesen Urlaub seit über einem Jahr versprochen. Er traute sich nicht, diese Übereinkunft zu brechen, trotzdem wünschte er sich verzweifelt, seine Arbeit wieder aufnehmen zu können. Die Folge war, daß Harald jede nur mögliche Gelegenheit nutzte, ohne Karin zu sein, damit er Aktenordner studieren und in seinem Büro anrufen konnte. Harald und Karin hielten zum Beispiel vor einem Lebensmittelgeschäft. Dann sagte Harald zu ihr, »Geh du rein, ich warte im Auto auf dich«, während es ihm schon in den Fingern juckte, seinen Ordner durchzublättern. Er forderte Karin auf, allein etwas zu unternehmen, nicht weil er ihre Selbständigkeit fördern wollte, sondern weil seine Sucht ihn im Griff hatte.

Harald beschrieb, welche Erleichterung er an dem Tag verspürte, als er verkündete, daß er Golf spielen gehen würde. Er wußte, daß Karin sich für Golf nicht interessierte. Er fuhr zum Golfplatz, doch statt neun Löcher zu spielen, benutzte er das Telefon im Clubhaus, um sein Büro anzurufen. Er glaubte, wenn er mit seinem Büroteam nur genügend Zeit am Telefon verbringen könnte, würde er für die restliche Zeit ungehindert Urlaub machen können. Beachten Sie, welchen Handel Harald mit seiner Krankheit betrieb. Leider war der Anruf nicht das Ende von Haralds Einsatz. Sein Team wartete mit einer ganzen Reihe von neuen Problemen auf, über die er wachen mußte, und was der letzte ›Schuß‹ zur Befriedigung seines zwanghaften Bedürfnisses sein sollte, war lediglich der Anfang von weiteren heimlichen Liaisons mit seiner Arbeit, die er mit seinem Büro aussheckte.

Harald begann eine Behandlung, als Karin ihn damit konfrontierte, daß sie glaubte, er habe eine Affäre. Sein Verhalten war dermaßen geheimnistuerisch geworden, daß Karin sich vorstellte, er träfe sich mit einer anderen Frau. Heute sagt Harald lachend: »Ich hatte eine Affäre, das stimmt – nur daß meine Geliebte die Arbeit war.« Etwas ernster bemerkt Harald, daß ihm plötzlich klar wurde, daß die Arbeit ihm nie genug sein würde, ganz gleich wie viele Aufgaben er vor sich hätte. Er betrachtete sich als machtlos und schämte sich dafür, wie dumm er aussah mit seinen in Strandtaschen versteckten Aktenordnern und dem Versuch, in der Umgebung jedes Hotels ein ›sicheres‹ Telefon auszumachen. Dieses Eingeständnis war der erste Schritt für das Genesungsprogramm, das Harald jetzt täglich praktiziert.

Der zweite Typ heimlicher Arbeiter ›beschlagnahmt‹ auch Arbeit für sich, erfindet aber raffiniertere Schwindeleien. Dieser Typ mag erkannt haben, daß sein Arbeitsstil außer Kontrolle geraten ist und unternimmt scheinbar Schritte, um sich damit auseinanderzusetzen. Aber mit seinen Versuchen zu Reformen tarnt er lediglich seinen Arbeitsvorrat.

Linda, Herausgeberin einer Frauenzeitschrift, hat ihren Mann, Georg, gebeten, sie im Umgang mit ihrer Arbeitssucht zu unterstützen. Über zwei Jahre lang hat Linda an den Wochenenden gearbeitet. Sie hatte kaum noch Zeit für gesellige oder familiäre Aktivitäten. Ihre Tätigkeit war so beschaffen, daß Linda das Gefühl hatte, an den Wochenenden zu Hause mehr schaffen zu können, aber ihr begann auch aufzufallen, daß das auf Kosten ihrer Ehe ging. Also traf Linda mit Georg eine Abmachung. Samstagmorgens, bevor sie aus dem Bett sprang, würde Linda Georg laut die drei – und zwar nur drei – Dinge aufzählen, die sie an diesem Tag erledigen würde. Dieses Abkommen lief ein paar Monate lang gut, aber dann fiel Linda auf, daß sie bei jeder der drei Erledigungen Wege fand, sie noch auszuweiten. Wenn zum Beispiel die erste Aufgabe darin bestand, das Manuskript eines Autors durchzusehen, blieb Linda nicht dabei, sondern überprüfte nebenbei noch den Autorenvertrag, schaute sich den Werbeplan an und anderes mehr. Noch bevor die erste Aufgabe erledigt war, hatte sie bereits viele weitere Erledigungen eingeschleust – alles mit der Rechtfertigung, sich mit einem bestimmten Autoren zu beschäftigen.

Suchterkrankungen sind tückisch, und sie sind beharrlich. Linda hatte sich und ihrem Mann weismachen wollen, daß sie sich ihrer Arbeitssucht stellte, um in Wirklichkeit nur noch trickreicher vorzugehen. Wie Harald machte auch Linda die Erfahrung, daß sie versprechen konnte, was sie wollte, ohne das Problem zu lösen. Sie spürte zunehmend, wie widersinnig ihr ›Spiel‹ mit Georg samstagmorgens war, bei dem sie ihre drei Aufgaben schilderte, nur um in ihr altes Muster zurückzufallen, wenn sie sich daran machte, sie zu erledigen. Jetzt, wo sie sich auf dem Wege zur Genesung befindet, weiß sie, daß sie auf ihre Arbeitssucht zurückgeworfen wird, wenn sie bricht, was sie versprochen hat.

Der chronisch Arbeitsunlustige

Wenn Sie zu den Menschen gehören, die in Gegensätzen denken, haben Sie beschlossen, daß die ›Kur‹ gegen Arbeitssucht darin besteht, überhaupt nicht zu arbeiten! Dieses Schwarz-Weiß-Denken ist jedoch typisch für den Suchtverlauf, und Arbeit vermeiden ist ein ebenso zwanghaftes, arbeitssüchtiges Verhalten, wie sich zu überarbeiten. Der Titelsong des chronisch Arbeitsunlustigen lautet: »Ich bin verdammt gut in dem, was ich tue, nur tu' ich's selten.«[1]

Margaret leidet unter chronischer Arbeitsunlust. Sie stammt aus dem Land, dem wir das Vorbild des hart arbeitenden Menschen verdanken: Deutschland. Margaret sah in ihrer zwanghaften Weigerung zu arbeiten zum ersten Mal bei einem Treffen mit ihrem Freund Bert eine Form von Arbeitssucht. Bert erzählte ihr seine Probleme mit dem Essen und sagte, daß nicht essen für ihn die andere Seite von sich überessen sei. In beiden Fällen konzentriere er sich auf das Thema Essen und beschäftige sich ständig mit seiner körperlichen Erscheinung.

Margaret studierte Kunst und Deutsch. Sie glaubt, daß die Mythen über den besonderen Lebens- und Arbeitsstil von Künstlern sie in ihrer Arbeitsunlust bestärkt haben.

Ich glaubte, man würde von einer Künstlerin nicht erwarten, daß sie Termine einhält oder einen normalen acht-Stunden-Tag hat. Ich hatte das Gefühl, daß die nächtlichen Arbeitsanfälle und die Hetze in den letzten Minuten vor Abgabe einer Arbeit zu meiner Identität als Künstlerin gehörten. Außerdem konnte ich mich nur in diesen letzten Minuten wirklich gut konzentrieren.

Margaret sagt, daß der Druck dieser letzten Minuten eine gewisse Faszination auf sie ausübte und ihr das Gefühl verlieh, besonders und einzigartig zu sein. Margaret kann nicht acht Stunden am Tag arbeiten. Sie kann nur unter Druck arbeiten.

Margaret betrachtet sich als einen Menschen, der süchtig nach Vermeidung ist. Diese Vermeidung bezieht sich auf jeden Aspekt ihres Lebens – Arbeit, Freundschaften und selbst körperliche Bedürfnisse: »Manchmal putze ich mir noch nicht einmal die Zähne.« Sie hat das Gefühl, daß ihr Vermeidungsverhalten mit ihrem Perfektionismus zusammenhängt sowie mit der inneren Überzeugung, keine Fehler machen zu dürfen.

Margaret tut, was sie nur kann, um Dinge aufzuschieben. Sie sagt: »Ich besuche sogar die Treffen der Anonymen Arbeitssüchtigen, um der Arbeit aus dem Weg zu gehen. Ich renne vor dem weg, was ich zu Hause erledigen muß, indem ich zu einem Treffen gehe!«

Margarets Perfektionismus führt dazu, daß sie Dinge aufschiebt. Das Aufschieben ruft Schuldgefühle hervor, und diese wiederum machen sie handlungsunfähig. Handlungsunfähigkeit ist für sie ein Weg, sowohl sich selbst als auch ihren Arbeitsvorhaben und dem Kontakt mit anderen Menschen aus dem Weg zu gehen. Für Margaret ist dieses Problem außerordentlich schmerzlich. Ich kann diesen Schmerz in ihren Augen sehen, als sie mir ihre Geschichte erzählt. Sie sagt:

Ich erledigte Dinge immer nur halb. Ich bereitete mich sehr intensiv auf meine eigentliche Arbeit vor. Bei diesen Vorbereitungen habe ich aber immer nur gelesen und gelesen, was andere geschrieben haben, statt zu dem Teil zu kommen, wo ich selbst aufschreibe, was ich zu sagen habe. Ich war überhaupt nicht vertraut mit meinen eigenen Gedanken. Mein Kopf war voll von Erwartungen, die andere an mich haben könnten. Ich kämpfte dagegen an, und mir wurde klar, daß ich dadurch ständig damit beschäftigt war, mich gegen etwas zu wehren, was ich mir selbst ausdachte.

Und schließlich stellt Margaret fest, daß durch ihre mangelnde Selbstkenntnis ein weiterer Aspekt ihrer Arbeitsunlust gefördert wird. Sie hat keine Grenzen und weiß deswegen nie, wann sie genug gearbeitet oder genug geschrieben hat. Sie erlebt ihr Leben als ein einziges Drama. Sie braucht zwölf Semester statt acht, um ihren Abschluß zu machen. Sie benutzt Terminpläne, um sich Druck zu machen, damit sie Projekte zum Abschluß bringt, weil sie ihre Aktivitäten innerlich nicht regulieren kann. Mit Zeitplänen und Abgabeterminen auf die letzte Minute zwingt sie sich Leistungen ab. Und auch wenn sie ihre Arbeit schließlich erledigt, ist sie nicht bei sich, weil ein äußerer Druck auf sie wirkt, dem sie sich unhinterfragt beugt.

Der Druck, das Drama, die Krise – und, ja, auch die Romantik – des Drängens in letzter Minute ist das eine Hoch, das Margaret in ihrem Leben erlebt, und sie ist erschöpft und verwirrt, wenn sie es dann schließlich geschafft hat, den Termin einzuhalten. Sie geht durch ihr Leben wie ein Mensch, der gerade noch unter dem Gitter durchschlüpft, während es heruntergelassen wird. Ihr Leben ist ein einziges »Puh! Ich schaff's!«, aber ihre Krankheit hält sie davon ab, sich eine ganz wesentliche Frage zu stellen: Ist das das Leben, das ich führen möchte? Margaret ist so davon in Anspruch genommen, unter dem Gitter durchzuschlüpfen, daß sie gar nicht weiß, ob sie das will, was sie auf der anderen Seite erwartet. Das ist das Hinterhältige an der Arbeitssucht: Wir sind so gefangen in der ständigen Hetze, daß wir aufhören zu fragen, ob wir das wollen, was sie uns einbringt. Der Gewinn für Workaholics besteht häufig in etwas rein Äußerem. Sie bekommen etwas, indem sie sich selbst verlieren.

Die Krankheit Arbeitssucht hat viele Facetten. Sie äußert sich manchmal in zwanghaftem Arbeiten, manchmal in chronischer Arbeitsunlust. Ich kenne Arbeitssüchtige, die sich ständig zwischen allen vier Typen hin- und herbewegen. Wenn sie gerade dabei sind, sich mit ihren Arbeitsanfällen auseinanderzusetzen, gleiten sie ab in das heimliche Arbeiten. Und wie bei jedem Suchtverlauf ist es wichtig zu verstehen, welcher Aspekt der Arbeitssucht Ihnen im Augenblick in Ihrem Leben die größten Schwierigkeiten einbringt. Wenn Sie sich diesem Aspekt Schritt für Schritt stellen, ist der Anfang zur Heilung des Suchtverlaufs getan.

3 Typische Eigenschaften von Arbeitssüchtigen

Aus den vorangehenden Informationen wird deutlich, daß die Sucht nach Arbeit tatsächlich heimtückisch und verwirrend ist. Und es gibt nicht nur verschiedene Typen von Arbeitssüchtigen, sondern die charakterischen Merkmale dieser Krankheit kommen bei Menschen auch auf unterschiedliche Weise zum Tragen. Ich möchte im folgenden die typischen Züge von Arbeitssucht beschreiben, wie sie individuell auftreten, tue dies aber mit einem gewissen Zögern.

Ich mißtraue Listen von typischen Merkmalen. Wir sind so raffiniert, daß wir diese Listen im Geiste durchgehen und dabei abhaken: »Das stimmt für mich, das nicht.« Und dann erzählen uns die Listenmacher, wie oft wir »Stimmt für mich« ankreuzen müssen, um ›ein…‹ oder ›eine…‹ zu sein. Wir benutzen diese Listen häufig als äußere Autorität. Sie werden uns schon sagen, was mit uns ist, und so prüfen wir gar nicht innerlich nach, ob die Beschreibung auf uns paßt. Letzten Endes aber müssen wir uns selbst fragen, ob in unserem Leben nicht Geschäftigkeit, Hetze und Arbeit immer mehr überhand nehmen. Wenn die innere Antwort darauf »Ja« lautet, müssen wir uns vielleicht der Möglichkeit stellen, daß wir unter der Sucht nach Arbeit leiden.

Hier die typischen Hauptmerkmale von Arbeitssüchtigen:

- mehrfache Sucht
- Verleugnung
- mangelnde Selbsteinschätzung
- Außenorientierung
- Unfähigkeit, sich zu entspannen
- Zwanghaftigkeit

Diese typischen Merkmale und die folgenden Geschichten habe ich einerseits von Arbeitssüchtigen selbst und andererseits dem Material entnommen, das die erste Gruppe Anonymer Arbeitssüchtiger in den Vereinigten Staaten herausgebracht hat. Es geht nicht darum, ob ein, zwei oder die meisten Merkmale zutreffen. Wichtig ist: Gleitet Ihnen Ihr Leben in bezug auf Arbeit, Geschäftigkeit, Hetze oder Sorgen immer mehr aus der Hand?

Mehrfache Sucht

Mir ist niemals ein Mensch begegnet, der nur unter einer Sucht leidet. Jeder, der schon einmal ein Treffen Anonymer Alkoholiker besucht hat, weiß, was ich meine – der Raum ist voller Rauch, und die Kaffeemaschine läuft ständig. Wie Anne Wilson Schaef sagt:

Als Suchtkranke stellen wir meistens fest, daß wir es mit der Sucht aufnehmen müssen, die uns am meisten Schwierigkeiten einbringt. Nachdem wir uns ihr gestellt haben, wird uns klar, daß eine weitere Sucht darauf wartet, bearbeitet zu werden.

Viele Workaholics stellen zum Beispiel fest, daß ihre Arbeitssucht Hand in Hand mit Beziehungssucht geht. Sie können es nicht ertragen, andere zu enttäuschen, und können zu übertriebenen Forderungen nicht »Nein« sagen, weil sie Angst vor der Ablehnung anderer Menschen haben. Vielleicht sind sie erwachsene Kinder von Alkoholikern aus gestörten Familien und suchen ständig Anerkennung und Bestätigung, die sie durch die Arbeit erhalten. Einige Menschen, die nach einem festen Genesungsprogramm vorgehen, um von ihrer Alkoholsucht loszukommen, arbeiten daran jetzt vielleicht mit der gleichen Intensität, mit der sie Alkohol getrunken haben. Oder Arbeitssüchtige stellen fest, daß sie in ihrem Schmerz einem schweren Tag ›die Spitze nehmen‹ wollen, indem sie zuviel Alkohol trinken.

Ich habe herausgefunden, daß die am meisten verbreiteten Hintergrundsüchte bei Arbeitssüchtigen Geld, Essen und Beziehungen betreffen. Oft bewegen sich Menschen zwischen diesen drei

Süchten hin und her: Sie nehmen sich nicht die Zeit, Geschäfts-
verhandlungen gründlich zu durchdenken, weil sie sich große
Einnahmen erhoffen, überarbeiten sich, um sich dann aufzubau-
en, indem sie zuviel essen, arbeiten mehr oder bleiben einem Chef
oder Mitarbeitern zuliebe länger. In jedem dieser Fälle wird die
Hintergrundsucht oder sekundäre Sucht eingeschaltet, um die primäre Arbeitssucht zu rechtfertigen oder abzuschwächen.

Letzten Endes müssen wir uns dem zuwenden, was Schaef den
zugrundeliegenden Suchtverlauf nennt. Arbeitssucht gibt uns viele Gelegenheiten, sowohl die Dynamik unserer inneren Abläufe
als auch die des Krankheitsverlaufs zu verstehen. Wenn die Arbeit
in sämtlichen Lebensbereichen, die uns entgleiten, der gemeinsa-
me Nenner ist, müssen wir uns diese Sucht anschauen; aber wir
sollten uns nicht dazu gratulieren, daß wir den Suchtverlauf damit
besiegt haben. Suchterkrankungen verlaufen fortschreitend, und
das gleiche gilt für die Genesung. Wir können zum Beispiel nicht
von unserer Überarbeitung genesen und mit unserer Eß- und Beziehungssucht fortfahren, ohne uns weiterhin in einer lebensbedrohlichen Situation zu befinden. Ganz gleich, um welche spezielle Sucht es gehen mag, die Konfrontation mit dem Verlauf
unserer Sucht ist eine lebenslange Aufgabe.

Verleugnung

Jede Sucht beruht eindeutig auf Verleugnung. Verleugnung ist die
primäre Verteidigungsstrategie im Suchtverlauf. Ohne Verleugnung lösen Suchtkrankheiten sich auf. Wenn Sie die Verleugnung
durchbrechen und sich eingestehen, daß Sie arbeitssüchtig sind,
befinden Sie sich schon auf dem halben Wege zur Genesung.
Solange Sie sich der Verleugnung nicht stellen, hat es keinen
Zweck irgendeinen anderen Schritt in Richtung Genesung zu machen.

Die Verleugnung des Arbeitssüchtigen ist die trickreichste Form
von allen, weil er gar nicht zu verleugnen scheint. Arbeitssucht

gehört zu den wenigen Süchten, mit denen Menschen prahlen. Sie brüsten sich sozial, öffentlich und in den Medien damit. In Zeitschriften lesen wir Geschichten wie: »Zehn Frauen unter dreißig, die eine Million machten. Sie arbeiten hart, spielen hart, sie sind arbeitssüchtig – und genießen es.« Angesichts des sozialen Drucks, mit dem uns eingeredet werden soll, daß Arbeitssucht etwas Positives ist, ist es außerordentlich schwer für Sie, sich zu Ihrer Sucht zu bekennen – vor allem wenn Sie Identitätsschwierigkeiten haben und keine Grenzen setzen können, wie das bei Arbeitssüchtigen der Fall ist.

Das Verleugnen bei Arbeitssüchtigen hat mehrere Dimensionen. Einige halten an der Verleugnung fest, indem sie Vergleiche ziehen. Sie sagen: »Ich weiß, daß ich arbeitssüchtig bin, aber das ist immer noch besser, als so manches andere. An irgend etwas müssen wir alle sterben. Warum nicht an Arbeit.« Eine andere Methode ist das Feilschen. »Klar bin ich arbeitssüchtig, aber schauen Sie sich an, was mir das Gutes eingebracht hat. Infolge meiner Arbeit, meines Hetzens und meines Sorgens habe ich…« (Füllen Sie die Lücke aus.) Die Illusion bei dieser Form von Verleugnung besteht darin zu glauben, daß sich all diese Wohltaten ohne die Arbeitssucht nicht einstellen würden. Die dritte Form von Verleugnung sieht so aus, daß Arbeitssüchtige ihre Sucht zugeben, sie aber nicht als gefährlich für sich betrachten. Diese Form ist am beängstigendsten von allen. Ein typisches Merkmal für die Suchterkrankung ist der fortschreitende Verlust des Urteilsvermögen, die verminderte Fähigkeit, Entscheidungen zu treffen, die zu unserem besten sind. Die Krankheit schreitet in uns fort, ob wir uns dessen bewußt sind oder nicht.

Arbeitssüchtige verleugnen, und ihre Familien unterstützen diese Verleugnung. Wenn die Angehörigen nicht mehr wahrnehmen, welche Auswirkungen das Verhalten des Arbeitssüchtigen auf sie hat, steigen sie mit ihm zusammen in den Suchtverlauf ein. Auch sie erleiden in der Beziehung zum Workaholic seelischen Schmerz, aber sie weigern sich, ihren Schmerz sich oder dem geliebten Menschen einzugestehen. Sie ahmen die Verleugnung der arbeitssüchtigen Person mit ihren eigenen Klagen nach: »Er sorgt wunderbar für uns, aber wir sehen ihn nie«, »Ich finde, sie könnte schlimmere Dinge tun, als ständig zu arbeiten, zum Beispiel mit anderen Männern herumziehen«, oder wie die folgende Zeile aus einem Cartoon: »Haben Sie vielleicht ein Parfüm, das nach Schreibtisch riecht? Mein Mann ist arbeitssüchtig.«

Mangelnde Selbsteinschätzung

Arbeitssüchtige überschätzen oder unterschätzen sich. Es fällt ihnen wirklich schwer, sich ehrlich zu betrachten und als den Menschen, der sie sind, zu akzeptieren. Sie sehen sich abwechselnd als äußerst fähigen oder als absolut unfähigen Menschen. Die Folge ist, daß sie Versprechungen machen, die sie nicht einhalten können (da sie auf der illusorischen Wahrnehmung der eigenen Fähigkeiten beruhen), was ihnen später peinlich ist und wofür sie sich schämen. Oder sie gehen Arbeitsvorhaben aus dem Weg, die ihnen leicht gelingen könnten (entsprechend der illusorischen Wahrnehmung ihrer Wertlosigkeit), und bestrafen sich dann für verpaßte Gelegenheiten.

Schwierigkeiten mit der Selbsteinschätzung führen zu großer Unaufrichtigkeit. Da sie glauben, daß Menschen sie nicht so akzeptieren, wie sie sind, neigen Arbeitssüchtige dazu, bei der Darstellung ihrer Leistungen zu übertreiben und ihre Fehler nur selten zu erwähnen.

Mit diesem Aspekt der Krankheit machte ich Erfahrungen, als ich eine Krankenschwester für eine Stelle in der Klinik interviewte. Ihr Lebenslauf war untadelig. Offensichtlich war sie schon immer auf der Erfolgsseite gewesen. Nachdem sie angestellt worden war, entdeckte man in der Klinik jedoch, daß ihr einige elementare Kenntnisse als Krankenschwester fehlten und daß sie sehr unzuverlässig war. Sie kompensierte das, indem sie doppelt soviel arbeitete wie alle anderen, aber ihr Hetzen und ihre Geschäftigkeit führten lediglich dazu, daß sie Flaschen umwarf, Termine vergaß und eine ganze Reihe weiterer Fehler beging, die anschließend wieder behoben werden mußten. Man muß wohl kaum noch sagen, daß ihr gekündigt wurde, und ich bin sicher, daß die Klinik, die ihr kündigte, nicht in ihrem neuen Lebenslauf erschien. Ich kann nur raten, wieviele frühere Arbeitsstellen in ihrem jetzigen Lebenslauf nicht aufgeführt waren!

Es ist wichtig, nicht nur zu sehen, daß diese Krankenschwester unehrlich war, sondern daß sie in einem organisatorischen Umfeld lebt, das Menschen die Erwartung entgegenbringt, sich als tadellos zu verkaufen. Welcher Berufsberater würde uns jemals sagen, »Zeigen Sie, wie Sie sowohl durch Erfolge als auch durch Fehler gewachsen sind«? Diese Krankenschwester tat genau das, was sie in einer arbeitssüchtigen Kultur für akzeptabel hielt. Viele Arbeitssüchtige berichten, daß sie immer nur für Erfolge, nicht aber für ihr Wachstum gelobt worden seien.

Viele Menschen, die sich auf dem Gebiet der Suchterkrankungen auskennen, weisen auf mangelnde Selbsteinschätzung und Selbstachtung als einen zentralen Punkt für die Suchtanfälligkeit hin. Ich glaube nicht, daß es eine primäre Ursache für Suchterkrankungen gibt, sehe aber auch, daß der Kampf um die Selbsteinschätzung ganz zentral bei der Genesung ist. Wie alle anderen Suchtkranken auch müssen sich Arbeitssüchtige schließlich dem Schmerz stellen, den sie durch Arbeit betäuben. Die Sucht unterbricht unseren Kontakt mit unserem Leben, und wir ziehen uns aus jedem Bereich unseres Wissens und Fühlens zurück. Beim Thema Selbsteinschätzung hat der Arbeitssüchtige Angst, daß es in ihm niemanden gibt, den andere gern kennenlernen würden, oder, noch schlimmer, daß es da überhaupt niemanden gibt.

Ein echtes Selbstgefühl wiederzugewinnen, ist eines der Risiken und eines der Versprechen des Genesungsprozesses von Arbeitssucht.

Außenorientierung

Außenorientierung bedeutet, daß Sie sich außerhalb Ihrer eigenen Person nach Hinweisen umschauen, wie Sie sich zu verhalten und was Sie zu fühlen haben. Menschen, die in gestörten Familien aufwuchsen, konzentrieren sich übermäßig oft auf die Außenwelt statt auf sich selbst. Das war notwendig für Ihr Überleben. Manchmal hing Ihr Leben davon ab, daß Sie das Verhalten des Süchtigen in Ihrer Familie vorausahnen konnten. Unglücklicherweise ist dieses grundlegende Verhaltenstraining in der Kindheit die perfekte Basis für Arbeitssucht.

Jahre, bevor ich beschloß, ein Buch über Arbeitssucht zu schreiben, fiel mir an einem Freund von mir, einem leitenden Angestellten in einer großen Firma, ein merkwürdiger Zug auf. Wenn ich mich mit ihm zum Mittagessen traf und ihn fragte, wie es ihm ginge, antwortete er darauf, indem er mir erzählte, was er alles *tat*! Später wurde mir klar, daß Workaholics Menschen sind, die uns erzählen, was sie tun, um mitzuteilen, wie es ihnen geht.

Leistungen sind das primäre äußere Mittel, das Arbeitssüchtigen hilft zu wissen, wer sie sind. Weil sie sich nach ihren Leistungen beurteilen, hängen sie der Illusion nach, daß sie immer etwas Lohnendes tun müssen, um ein gutes Gefühl zu sich zu haben. Natürlich sind ›lohnende‹ Leistungen nach außen hin (für andere) sichtbar. Deswegen würde ein Arbeitssüchtiger sich gegen den Vorschlag wehren, sich eine halbe Stunde zurückzuziehen, selbst wenn dadurch sein Arbeiten effektiver würde. Aber seine Zurückgezogenheit können andere nicht sehen. Sollte der Arbeitssüchtige sich aber tatsächlich dreißig Minuten zurückziehen, wird er einen Weg finden, im Gespräch mit Mitarbeitern so zu argumentieren, daß die kurze Pause ihm ermöglicht, noch härter zu arbeiten als vorher. Denn für den Arbeitssüchtigen muß jede Aktivität und Nichtaktivität, um gerechtfertigt zu sein, in irgendeiner Weise seine Arbeit unterstützen, sonst hätte sie keine Existenzberechtigung – so wie Arbeitssüchtige auch glauben, daß sie ohne Arbeit keine Existenzberechtigung hätten.

Weil ihr Wohlbefinden davon abhängt, was sie an Aufgaben bewältigen, haben Workaholics oft mit Depressionen zu tun. Meistens laden sie sich mehr Arbeit auf, als sie schaffen können; also müssen sie sich selbst und die Menschen, die auf sie zählen, unweigerlich enttäuschen. Meine Freundin Barbara sagt, daß sie einen Weg fand, um sogar dieses Gefühl von Enttäuschung zu vermeiden. Sie wandte sich so schnell der nächsten Aufgabe zu, daß sie keine Zeit hatte, überhaupt irgend etwas zu fühlen!

Workaholics sind unverbesserliche Listenmacher. Die Liste dient als unumstößlicher äußerer Rahmen: Wenn etwas nicht auf der Liste steht, existiert es nicht und wird nicht beachtet. Die Art und Weise, wie Arbeitssüchtige Listen machen, ist wirklich umwerfend.

Richard hat eine Hauptliste aufgestellt, die in verschiedene Unterkategorien aufgeteilt ist: Telefonanrufe, Briefe, Arbeitsprojekte (längerfristige und kurzfristige), Intensivierung von alten und Herstellen von neuen Kontakten, Privates, Familie, Freunde und so weiter. Jeden Tag stellt er auf der Grundlage der Hauptliste eine Tagesliste zusammen. Der Hauptliste werden ständig neue Punkte hinzugefügt, und einiges, was von der Tagesliste nicht erledigt wird, muß auf die Liste für den nächsten Tag übertragen werden. (Haben Sie schon genug?) Als ich mit Richard sprach, hatte er Listen für einen Zeitraum von acht Monaten bei sich, die er in einem Aktenordner überall mit hinnahm. Er war wie besessen davon, jede Liste immer wieder durchzugehen und niemals eine wegzuwerfen, bevor nicht alles, was darauf stand, erledigt worden war.

»Oh, das kann ich noch besser als Richard«, sagte Elisabeth, eine Literaturagentin. »Wenn etwas nicht auf meiner Liste auftaucht, wird es auch nicht erledigt, ganz gleich, was es ist. Wenn es aber auftaucht, wird es getan, selbst wenn ich weiß, daß es im Augenblick eigentlich nutzlos oder gar nicht angebracht ist. Ich treibe zum Beispiel keinen Sport und verbringe auch keine Zeit mit meinen Kindern, wenn ich auf der Liste nicht lese, ›14 bis 16 Uhr: Zeit für die Kinder.‹ Die Liste diktiert mir mein Leben. Ohne sie wäre ich verloren.« »Aber was ist mit Ihren Kindern?« fragte ich. »Was, wenn sie von zwei bis vier Uhr nachmittags gar nicht mit Ihnen zusammensein wollen? Was ist mit ihren Bedürfnissen und ihrem Tagesablauf?« »Tut mir leid«, sagte Elisabeth und zuckte die Achseln. »Wenn sie mit ihrer Mutti zusammensein wollen, dann zu dieser Zeit.«

Im Anschluß an diese Begegnung war ich sehr nachdenklich. In einem Zeitalter, wo beide Elternteile berufstätig sind oder Kinder von alleinstehenden Vätern oder Müttern großgezogen werden, ist viel darüber gesagt worden, wie wichtig es ist, sinnvolle Zeit mit den Kindern zu verbringen, wobei jeder Moment zählt, vor allem, wenn es nicht viele Momente gibt. Bei Elisabeths Vorgehen scheint das ›sinnvoll‹ ganz unter den Tisch zu fallen. Ihre Kinder sind nichts als ein weiterer Punkt auf der Liste, der erledigt werden muß. Wahrscheinlich ist sie für die Kinder ebenso wenig da, wie für sich selbst. Letzten Endes geht es nur darum, daß ›es‹ getan wird. Ich fing an zu begreifen, welche Macht die Arbeitssucht als generationsübergreifende Krankheit hat. Elisabeths Kindern wird ein Verhalten beigebracht, das für gestörte Familie ganz grundlegend ist: sich im Leben an Äußerem wie zum Beispiel an Listen zu orientieren.

Die Unfähigkeit sich zu entspannen

Ich habe schon früher angemerkt, daß Arbeitssüchtige von einem erhöhten Adrenalinausstoß angetrieben werden. Adrenalin ist einer der Hauptfaktoren bei der Unfähigkeit, sich zu entspannen. Selbst wenn der Arbeitssüchtige Schlaf braucht, kann sein Stoffwechselsystem möglicherweise nicht abschalten.

Workaholics haben immer eine endlose Reihe von Aufgaben vor sich und verspüren ständig das Bedürfnis, »mal eben noch« ein paar davon zu erledigen. Da die Arbeit das ›Vorratslager‹ ist, gibt es, wenn die augenblicklich anstehenden Dinge erledigt worden sind, immer noch mehr zu tun.

Ich kannte einmal eine Hausfrau, die sich bei persönlichen Gesprächen unwohl fühlte. Sie glaubte, andere könnten sie durchschauen, und sie fühlte sich wertlos. Trotzdem war sie gesellig und gern mit anderen Menschen zusammen. Wenn Gäste kamen, beschäftigte sie sich in der Küche, während die anderen mit ihr sprachen. Nach dem Essen sprang sie als erste auf, um abzuwaschen. Wenn ihre Gäste ihr dabei Hilfe anboten, erhob sie Einwand. Sie hatte es gern, wenn Leute sie in der Küche besuchten – solange wie sie etwas zu tun hatte. Also trocknete sie das Silber ab, faltete Servietten zusammen und reinigte Küchengeräte. Die anderen protestierten und sagten ihr, sie solle zu ihnen ins Wohnzimmer kommen und sich ausruhen, aber sie richtete es so ein, daß das nur selten geschah, und schließlich wanderten die Leute in die Küche, wenn sie ihre Gesellschaft wünschten. Natürlich machte sie es anderen schwer, ihr einmal die Meinung zu sagen, weil sie sie immer bediente. Sie wußte über ihren Zwang zu arbeiten und ihre Unfähigkeit, sich zu entspannen, nur das Eine: daß sie ›irgend etwas‹ brauchte, was zwischen ihr und anderen Menschen stand. Und sie versuchte ihr ganzes Leben lang fieberhaft, sich dieses ›etwas‹ zu bewahren.

Menschen, die Dinge aufschieben, und chronisch Arbeitsunlustige haben Schwierigkeiten, sich zu entspannen, auch wenn Sie ihnen das niemals ansehen würden. Sie befinden sich innerlich ständig in Aufruhr. Sie verspüren Groll, weil sie soviel zu erledigen haben. Sie können sich nicht auf die Aufgabe konzentrieren, die gerade vor ihnen liegt. Sie bestrafen sich selbst, indem sie der Arbeit aus dem Wege gehen, und machen sich dann selbst nieder dafür, daß sie sie aufgeschoben haben – keine besonders guten Voraussetzungen, um sich zu entspannen!

Viele Workaholics operieren auf der Grundlage eines ständigen Krisenzustands (meistens weil sie sich mehr vornehmen, als sie schaffen können). Die Folge davon ist, daß sie zwar den Aufruhr der Krise spüren, ihre wirklichen Emotionen aber nur selten wahrnehmen. Arbeitssüchtige können nicht einfach nur dasitzen und sich sein lassen. In fast jedem Interview sagen sie immer wieder, daß das für sie einfach zu beängstigend ist. Einige Arbeitssüchtige geben zu, sie könnten, wenn sie entspannt wären, Gefühle wahrnehmen, denen sie aus dem Weg gehen möchten. Andere fürchten sich entsetzlich vor der innere Leere, diesem Vakuum, das zu erforschen ihnen zu beängstigend ist. Was immer sie auch fürchten mögen, sie geben bereitwillig zu, daß das Arbeiten diese Gefühle von ihnen fernhält und sie Tag für Tag erfolgreich davon abschneidet.

Viele arbeitssüchtige Unternehmen benutzen diese Krisenorientierung als Entschuldigung dafür, sich insgesamt keine Entspannungspause gönnen zu können. In diesen Firmen lassen die Leute immer stehen und liegen, was sie gerade tun, um scheinbar noch dringenderen Anforderungen nachzukommen. Eine Beraterin, die mit arbeitssüchtigen Unternehmen arbeitet, beobachtete, daß ihre größte Herausforderung darin besteht, den Managern zu zeigen, daß sie nicht ständig auf neue Anforderungen eingehen müssen, wenn sie ihr Geschäftsvorhaben gut durchgeplant haben. Sie wollen ängstlich besorgt wissen, was sie eigentlich wirklich tun müssen, und würden am liebsten ihre Augen verschließen, um gar nichts mehr zu sehen.

Die Unfähigkeit, sich zu entspannen, resultiert nicht aus der Arbeit selbst, sondern ist Folge des unaufhörlichen Arbeitens und der Art und Weise, wie wir arbeiten. Wenn wir Arbeit als Droge benützen, bürden wir ihr eine Last auf, die sie nicht tragen kann. Arbeit kann uns keine Identität geben. Sie kann uns nicht glücklich *machen*. Wenn wir von der Arbeit erwarten, daß sie uns Dinge gibt, die wir nicht bereit sind, selbst für uns zu tun, erschöpft sie uns. Bei Arbeit ist Quantität nicht gleich Qualität.

Gesunde Menschen fühlen sich durch ihre Arbeit belebt und angeregt. Sie erwarten von der Arbeit nicht, daß sie sie zu ganzen Menschen macht. Sie sind bereits ganz und können sich frei für das Arbeiten entscheiden. Sicherlich sind solche Menschen am Ende des Tages müde, aber sie leiden nicht unter der Erschöpfung des Arbeitssüchtigen, der zu nichts mehr imstande ist.

Die Unfähigkeit, sich zu entspannen, ist ein ernstes Symptom für den Workaholic, denn damit wird signalisiert, daß sein körperliches und psychisches System ständig überlastet sind. Wie bei einem außer Kontrolle geratenen Zug, der einen Berghang hinabrast, sind die Bremsen nutzlos. Nur ein Zusammenstoß kann ihn aufhalten.

Zwanghaftigkeit

Zwanghaft sein heißt getrieben sein. Viele Arbeitssüchtige beschreiben sich selbst als Menschen, die ständig auf den automatischen Piloten schalten. Sie bewegen sich durch den Tag, befinden sich aber nicht wirklich auf dem Fahrersitz. Eines der Symptome dafür, daß die Krankheit sich verschlimmert, ist das Gefühl, daß etwas außerhalb von Ihnen die Kontrolle übernommen hat. Ein weiteres Signal ist, daß Sie ständig an die Arbeit denken – im Bett, unter der Dusche, beim Gespräch mit anderen, beim Fernsehen und beim Autofahren.

Zwanghaftigkeit ist nicht an ein bestimmtes Objekt gebunden. Sie können ein zwanghafter Perfektionist sein, was die Form eines Briefes oder gutes Arbeiten generell betrifft. Bei Carola, einer Krankenschwester, richtete sich die Zwanghaftigkeit auf verarmte Gelegenheitsarbeiter. Zu der Zeit, als ihr besessenes Dienen den Höhepunkt erreichte, war sie in vier Ausschüssen und in dreien davon war sie Vorsitzende. Heute kann sie sehen, daß ihre Arbeitssucht dadurch ausgelöst wurde, daß sie glaubte, für eine gute Sache zu arbeiten. Als ›gute Christin‹ erzogen, sah Carola Menschen schief an, die deswegen schwer arbeiten, um zu persönlichem Wohlstand zu gelangen. Aber das Förderprogramm für Gelegenheitsarbeiter brachte ihr keine Vorteile – tatsächlich nahm sie eine Gehaltskürzung in Kauf –, sondern war für Menschen, die bedürftiger waren als sie.

Carola verließ ihre Wohnung um acht Uhr morgens und kehrte gegen Mitternacht zurück. In der Zwischenzeit ging sie nur zweimal zur Toilette – bevor sie morgens ging, und wenn sie nachts zurückkehrte. Sie fuhr von Lager zu Lager und aß nur Schokoladenriegel und trank nur Kakao. Sie lebte von Zucker. Außerdem hatte Carola noch eine ziemlich verrückte Beziehung – die beiden verbrachten ihre ›Frei‹zeit damit, ihr Mietshaus zu renovieren, um dem Nachmieter einen schöneren Platz zu hinterlassen und außerdem den Konflikten aus dem Weg zu gehen, die sie miteinander hatten.

Als Carola aus dem Betreuungsprogramm für Gelegenheitsarbeiter ausstieg, war sie körperlich total ausgelaugt und kaum noch in der Lage, ihre Arbeiten zu erledigen. Sie zog in ihre Geburtsstadt zurück und nahm eine Stelle im Krankenhaus an, wo sie sechzig Stunden in der Woche arbeitete. Sie glaubte, es ginge ihr gut, bis sie sich eines Abends nach einem typischen Tag im Krankenhaus bei der Zubereitung des Abendessens einen Finger abschnitt. Dieser Unfall zwang sie, zwei Wochen nicht zu arbeiten, eine Zeit, in der sie sich grundlegend wandelte.

Carola wußte, daß mit ihrem Leben irgend etwas nicht stimmte – aber was? Während ihrer freien Zeit suchte sie krampfhaft nach einer Antwort. Auf der Suche nach Heilung las sie wie besessen – zuerst New-Age-Literatur, dann Bücher über Kristalle und Kräuter und schließlich über Sucht. »Ich ›trank‹ die Bücher wie ein Trinker Alkohol getrunken hätte. Ich war zwanghaft krank gewesen, jetzt würde ich dafür sorgen, daß es mir besser ging. Da, wo ich krankhaft gewesen war, würde ich es jetzt ›gut machen‹«, sagte Carola.

Carolas Erkenntnis, daß sie ihre Genesung ebenso zwanghaft anging wie ihre Arbeit, war der Schlüssel für ihren Weg zur Gesundung. Sie hat sich ihrer Zwanghaftigkeit gestellt und konnte sich jetzt sehr viel behutsamer ihrem Wohlbefinden widmen.

Carolas Geschichte ist ein Beispiel dafür, daß Zwanghaftigkeit sich über den Arbeitsbereich hinaus erstrecken kann. Ich kannte einmal einen Mann, der den zwanghaften Wunsch verspürte, alles in seinem Leben und im Leben seiner Familie verstehen zu wollen. Stundenlang erforschte er sich selbst und fragte sich: »Warum habe ich das getan? Warum fühle ich so? Warum verhalten sich andere auf diese Art und Weise?« Nicht nur, daß er sich und andere damit ermüdete, es war ausgesprochen respektlos, wie er seine Nase mit diesen Fragen ständig in die Angelegenheiten anderer Menschen steckte.

Zwanghaftigkeit kann Ihr Leben in Gefahr bringen. Carola verlor einen Finger, was sie täglich an ihre Krankheit erinnerte. Arbeitssüchtige erzählen sich ständig Geschichten, in denen es darum geht, daß sie Bahnstationen und Autobahnausfahrten verpaßt haben oder auf parkende Autos aufgefahren sind, weil sie in Gedanken ständig mit der Arbeit beschäftigt waren oder was immer es sein mag, worauf sie sich gerade konzentrierten. Manche können sich diese Erlebnisse bewußt machen, um aufzuwachen und sich klarzumachen, daß die Arbeitssucht eine Realität in ihrem Leben ist; andere sind zu besessen von der Frage, warum das alles geschah, um unter dem Eindruck dieser Erlebnisse ihr Leben zu verändern.

Weitere typische Merkmale

Die meisten Arbeitssüchtigen haben mir von den oben aufgeführten sechs Merkmalen berichtet. Hinzu kommen bei Arbeitssüchtigen noch weitere typische Eigenschaften:

- Unehrlichkeit
- Ichbezogenheit
- Isolation
- Kontrolle
- Perfektionismus
- Berge von Arbeit und Akten
- Mangel an Nähe
- Selbstmißbrauch
- körperliche und psychische Probleme
- spiritueller Bankrott

Unehrlichkeit

Workaholics lügen, um ihren Arbeitsnachschub zu sichern. Sie lügen, wenn es darum geht, wieviel und wie oft sie arbeiten. Als heimliche Arbeiter verstecken sie ihre Arbeit. Sie sind sich selbst und anderen gegenüber unehrlich. Wie die Verleugnung ist auch Unehrlichkeit wesentlicher Bestandteil des Versuchs, die Fassade zu wahren, die ausdrücken soll, »Alles in Ordnung mit mir«, obwohl ihnen ihr Leben in Wirklichkeit immer mehr entgleitet.

Ichbezogenheit

Arbeitssüchtige haben ein Gefühl von übertriebener Wichtigkeit, wenn es um ihre Projekte geht. Kinder von arbeitssüchtigen Eltern erinnern sich, daß nichts die Arbeit von Vater oder Mutter stören durfte. Deren Arbeit kam immer zuerst, und sämtliche anderen Pläne mußten dahinter zurückstehen. Süchtige tun alles, um an ihren ›Schuß‹ zu kommen und das schließt ein, daß sie die Menschen, die sie lieben, überrennen und Versprechen nicht einhalten. Arbeitssüchtige üben am liebsten Tätigkeiten aus, die ihnen wichtige Titel verleihen oder die Möglichkeit geben, andere zu kontrollieren. Sie betrachten andere als Untergebene, nicht als Gleichgestellte. Ihre Ichbezogenheit äußert sich darin, daß sie sich überlegen aufführen, Fachleuten Fehler nachweisen und ähnliches mehr.

Süchtige Helfer beharren auf der Illusion, daß ohne sie niemand zufriedengestellt werden kann. Für sie ist es immer ein Schock, wenn sie mit ansehen müssen, wie andere für sie einspringen und fortführen, was sie hinterlassen haben. Natürlich bewirkt diese Selbstbezogenheit, daß wir von der Krankheit nicht loskommen; und während sie unsere Arbeitssucht fördert, hält sie uns zugleich davon ab, uns wirklich selbst zu lieben, in unserem eigenen Leben im Mittelpunkt zu stehen, ohne daß das auf Kosten von anderen oder von uns selbst geht.

Isolation

Workaholics neigen dazu, sich auf mehrfache Weise von anderen zurückzuziehen. Zunächst einmal wirkt sich allein die Besessenheit von der Arbeit, von Hetze und Geschäftigkeit isolierend aus, weil andere mit dem oder der Süchtigen nicht mithalten können. Wie ein Flugzeug bei einer Zwischenlandung, kommen Arbeitssüchtige nur kurz auf den Boden, um gleich wieder aufzubrechen. Zweitens zieht der Arbeitssüchtige sich von anderen zurück, wenn sie beginnen, sich Sorgen um ihn zu machen und genug wissen, um ihn mit seinem Problem konfrontieren zu können. Und schließlich arbeiten Arbeitssüchtige allein, wenn andere beschließen, ihre Arbeitszeit einzuschränken oder sich übertriebenen Forderungen zu verweigern.

Kontrolle

Die Illusion, Kontrolle zu haben, verlieren Arbeitssüchtige nur langsam, weil Kontrolle soviele Bereiche ihres Lebens durchzieht. Sie leben in der Illusion, Umfang und Intensität ihrer Arbeit bestimmen zu können. Sie glauben, in der Hand zu haben, wie andere sie sehen. Manager und arbeitssüchtige Organisationen versuchen, ihre Mitarbeiter zu kontrollieren, und nehmen an, daß sie mit einer arbeitssüchtigen Haltung letzten Endes auch die Produktivität bestimmen können. Zeitmanagement stellt vielleicht den Gipfel der Illusion dar, die Kontrolle zu haben, weil Süchtige wahrhaftig glauben, es gäbe einen Weg, mit Zeit so umzugehen, daß sie mehr davon haben!

In dem Maße, wie die Arbeitssucht fortschreitet, nehmen die Kontrollversuche zu. Das Innenleben des Arbeitssüchtigen ist ein einziges Chaos, also müssen äußere Anstrengungen unternommen werden, alles zusammenzuhalten. Es ist extrem schwer für ihn, die Illusion aufzugeben, daß er die Kontrolle hat, aber genau das ist ein entscheidender Meilenstein auf dem Weg zur Genesung.

Perfektionismus

Perfektionismus geht einher mit der Illusion, nicht ›menschlich‹ zu sein. Arbeitssüchtige haben Schwierigkeiten mit Menschlichkeit. Menschen brauchen Schlaf, machen Fehler, haben Gefühle und Bedürfnisse. Perfektionistische Chefs und Mitarbeiter sind Kandidaten für den völligen Zusammenbruch, weil sie glauben, daß sie mit ihren Anstrengungen und ihrer Kontrolle über sich selbst und andere Menschen den Dingen den Verlauf aufzwingen können, den sie für richtig halten. Sie sind häufig enttäuscht, wenn die Dinge nicht perfekt laufen.

Ich kannte einmal einen perfektionistischen Manager, der sich mit seinem Perfektionismus vor seinem Team zum Nervenbündel machte. Er tat seine Arbeit auf eine ganz bestimmte Art und Weise, die er auch seinen Mitarbeitern beibrachte. Er glaubte an das Delegieren, also gab er sehr viel Verantwortung aus der Hand.

Leider erledigten die Leute in seinem Team die Aufgaben nicht so perfekt, sie machten Fehler. Als er diese Fehler bemerkte, sagte er: »Sehen Sie, wenn ich Ihnen Arbeit anvertraue, machen Sie sie nicht richtig, und ich muß alles noch mal machen. Warum soll ich die Arbeit also an Sie abgeben? Am Ende muß ich sie ja doch selbst erledigen.« Die Folge seines Perfektionismus war, daß er bei seinen Mitarbeitern noch mehr Fehler heraufbeschwörte, weil sie weniger Gelegenheit bekamen, durch Praxis zu lernen. Außerdem erledigte er neben seiner eigenen Arbeit einen Großteil der Arbeit der anderen, weil er nur so sichergehen konnte, daß sie perfekt – das heißt, auf seine Weise – gemacht wurde.

Vielleicht sind Perfektionisten die einzigen, die sich wirklich zu Tode arbeiten, während diejenigen, die sie als Hilfe angestellt haben, dabeistehen und zuschauen!

Berge von Arbeit und Akten

Sämtliche Suchtkranken haben ihre Vorräte, und Arbeitssüchtige bilden da keine Ausnahme. Berge von Arbeit und Akten sind zwei der üblichen Vorratslager von Arbeitssüchtigen.

Ich führte einmal mit Seminarteilnehmern einen einfachen Test durch. Ich sagte: »Wenn ich Ihr Haus betreten, Ihre Bar leerräumen und sämtliche Flaschen zerschmettern würde, so daß Sie sie niemals wiedersehen – wie würden Sie darauf reagieren?« Die meisten (keine Alkoholiker!) antworteten, sie würden sich darüber sehr aufregen, aber ihr Leben wäre deswegen nicht zu Ende. »Nun«, sagte ich, »wenn ich in Ihr Büro käme, an Ihren Aktenschrank ginge und ihn leerfegte, so daß Sie Ihre Akten niemals wiedersehen – was würden Sie dann empfinden?« Die meisten schnappten nach Luft. Mehrere sagten: »Ich würde in Panik geraten und sofort versuchen, mir irgendwo Kopien dieser Ordner zu besorgen.« Und andere, die jetzt noch ehrlicher wurden, sagten: »Ich könnte ohne meine Aktenordner nicht leben.«

Die Aktenordner stehen für einen kontinuierlichen Nachschub an Arbeit, für eine endlose Reihe an Projekten für die kommenden Jahre. Sie machen damit niemals Fortschritt; und wenn eine Aufgabe erledigt ist, wartet schon die nächste. Eine Unternehmensberaterin, die Arbeitssüchtigen hilft, ihre persönliche Produktivität zu entfalten, erzählte mir: »Es ist so unangenehm, wenn die Gedanken zur Ruhe kommen.« Sie sagt, sie habe mit einem Klienten zu tun, der seinen Schreibtisch nicht ordnen kann. Nichts scheint bei diesem Mann zu helfen. Als er dann eines Tages seinen Schreibtisch aufgeräumt hatte, entschlüpfte ihm in Anwesenheit seiner Beraterin der Satz: »Huch! Jetzt, wo ich meinen Schreibtisch in Ordnung gebracht habe, muß ich mich ja mit mir selbst konfrontieren!« Workaholics können sich jahrelang mit scheinbar wichtigen Papieren beschäftigt halten, die sie auf dem Schreibtisch hin- und herschieben, nur um ihren eigenen inneren Abläufen zu entgehen.

Sabine lebt zu Hause und im Büro zwischen Stapeln von Arbeit. Sie glaubt, daß sie Arbeiten nicht erledigt, wenn sie sie nicht vor sich sieht, also muß sie sie ständig in Sichtweite haben, weil sie sie sonst vergißt. Dieses Vorgehen ist für sie selbst verwirrend:

Schließlich liegen überall bei mir Berge von unerledigten Arbeiten herum, und die Sachen, die unten liegen, sehe ich gar nicht. Ich lege mir die wichtigen Arbeiten auf den Schreibtisch, aber irgendwie landet dann anderes oben drauf. Schließlich lege ich die dringendsten Arbeiten direkt vor mich hin auf meinen Schreibtisch, aber selbst dieser Stapel ist nur halb erledigt.

In Sabines Wohnung treffen wir auf Anzeichen für das gleiche Verhaltensmuster. Seit anderthalb Jahren lebt sie zwischen nicht ausgepackten Kisten. Ihr ist klar, daß ihr Glaube, alles unter Kontrolle zu haben, sich in der Vorstellung äußert, sie könne ihre Wohnung hundertprozentig so einrichten, wie sie es möchte. Da dieses Ziel nicht erreichbar ist, weigert sie sich, Kompromisse einzugehen und sich den Platz gemütlich einzurichten.

Die Kisten stehen da herum, immer bereit, mich von mir selbst abzulenken. Ich sage nie: »Heute werde ich mal eine halbe Kiste auspacken.« Entweder alles oder gar nichts. Das ist ein großer, nicht zu bewältigender Batzen Arbeit, der ständig vor mir steht, um mich zu mahnen.

Sabines Wohnung sieht heute noch genauso aus wie vor anderthalb Jahren. Ihre Freunde warten darauf, von ihr zum Essen eingeladen zu werden, aber Sabine schämt sich, ihnen ihre Wohnung
zu zeigen. Außerdem, wo sollten sie denn sitzen? Während sie zu
Hause Arbeit hinauszögert, hat sie im Büro Arbeitsanfälle. Wenn
der Druck groß ist, arbeitet sie fünf Stunden ohne Pause durch, um
die Arbeit vom Tisch zu bekommen. Sabine verbraucht enorm
viel Energie damit, sich anzuklagen, weil sie die Dinge nicht richtig erledigt, und schließlich ist sie geistig und emotional so erschöpft, daß sie die Kraft für die Schritte nicht mehr aufbringt, mit
denen sie sich von diesem krankhaften Ablauf befreien würde.
Stapel von Arbeit und Akten sind nicht gleichbedeutend mit dem
Suchtverlauf selbst. Sie stellen die Mittel dar, die der Workaholic
einsetzt, um bei seiner Sucht zu bleiben. Zu unserem heutigen
modernen Lebensstil gehört, daß wir immer irgend etwas vor uns
haben, das unsere Aufmerksamkeit verlangt. Wenn wir glauben,
diese Dinge bestimmen zu können und zu müssen, sind wir in
Schwierigkeiten. Es liegt eine gewisse Wahrheit in dem Satz,
»Wir sind, was wir tun.« Wenn wir ständig nur mit unseren Stapeln von Arbeit und Aktenordnern leben und beschäftigt sind,
werden wir ebenso leblos, wie diese Dinge.

Mangel an Nähe

Es ist nicht schwer zu sehen, wie Arbeitssüchtige ihre Arbeit,
Hetze und Geschäftigkeit dazu benutzen, den Kontakt mit sich
selbst und anderen fortlaufend zu vermeiden. In dem oben ge-
nannten Beispiel wollte der Mann seinen chaotischen Schreibtisch nicht aufräumen, weil er sich dann mit sich selbst hätte konfrontieren müssen. Auf die gleiche Weise mißbrauchen Arbeitssüchtige die Arbeit als Mittel, um sich selbst nicht nahe zu kommen.
Es stimmt jedoch nicht, daß Arbeitssüchtige Einzelgänger sind,
die sich hinter Stapeln von Papieren verstecken. Einige Arbeitssüchtige sind durchaus gesellig; sie haben Bekannte, aber häufig
sind ihre sozialen Kontakte in Wirklichkeit Arbeitsbeziehungen.

Oder, wie es in einem Artikel der jüngsten Ausgabe der Zeitschrift *Fortune* heißt: »Sämtliche sozialen Aktivitäten der arbeitssüchtigen Generation dienen dem Zweck, geschäftliche Kontakte herzustellen.«[1] Diese Art von Geselligkeit fördert die Arbeitssucht und verhindert wirkliche Nähe. Arbeitssüchtige vermeiden durch die Arbeit Nähe. Sie sind ständig mit interessanten Projekten beschäftigt und stellen sich nie der Herausforderung, sich selbst kennenzulernen oder sich von anderen Menschen kennenlernen zu lassen. Wirkliche Nähe erfordert, daß wir die Illusion aufgeben, die Kontrolle zu haben – für den Arbeitssüchtigen eine schwierige Aufgabe.

Arbeitssucht beeinträchtigt Nähe auf mindestens drei Ebenen. Erstens sind Arbeitssüchtige mit sich selbst nicht in Kontakt. Sie nehmen ihre Gefühle nicht wahr und sind emotional verarmt. Zweitens haben Arbeitssüchtige keine echte Verbindung mit geliebten Menschen, seien es nun Lebenspartner, Kinder oder Freunde. Vielleicht begegnen sie ihnen flüchtig und tauschen sich oberflächlich mit ihnen aus, aber die Nähe, die daraus entsteht, daß man sich Zeit nimmt, jemanden kennenzulernen und von ihm kennengelernt zu werden, existiert nicht. Und drittens sind Arbeitssüchtige auch der Arbeit nicht wirklich nahe. Die Arbeit – an die sie doch ihr Leben verlieren – wird zum Objekt, mit dessen Hilfe sie ihre Sucht befriedigen, nicht aber zu einer Quelle von Lebendigkeit.

Selbstmißbrauch

Der arbeitssüchtige Lebensstil ist gleichbedeutend mit Selbstmißbrauch. Der Workaholic schadet sich emotional, weil er ständig im Kreis denkt und sich unaufhörlich innere Botschaften vermittelt, die auf Vergleichsdenken beruhen: »Ich bin nicht gut«, »Ich bin nicht genug«, und immer so weiter. Arbeitssucht ist körperlicher Mißbauch, weil sie Menschen einer ständigen Hetze aussetzt, die schließlich zum völligen Zusammenbruch führen muß. Arbeitssucht ist auf sämtlichen Ebenen zerstörerisch; und diese Zerstörung gibt der Süchtige auch an seine Familie, das Unternehmen und schließlich an die ganze Welt weiter.

Körperliche und psychische Probleme

Wenn die Krankheit Arbeitssucht weiter fortschreitet, tauchen unweigerlich die verschiedensten körperlichen und psychischen Probleme auf. Die Gefahr besteht jedoch, daß Arbeitssüchtige ihren eigenen körperlichen Zustand so wenig wahrnehmen, daß sie sich erst durch eine schwere Krankheit wie zum Beispiel einen Herzanfall gezwungen sehen, sich ihrem Körper zuzuwenden.

Unsere Generation sieht sich ungewöhnlichen Erschöpfungskrankheiten sowie Leiden gegenüber, die Menschen schnell dahinraffen. ›Karoshi‹ oder ›Tod durch Überarbeitung‹ ist ein beunruhigendes Phänomen, das in Japan beobachtet wird. Für diese Krankheit, die im Zusammenhang mit zuviel Arbeit und zu wenig Spiel auftritt, ist typisch, daß sie Männer ergreift, die über viele Jahre hinweg täglich zwölf bis sechzehn Stunden arbeiten. Die Opfer, meistens zwischen vierzig und fünfzig Jahre alt, hatten vorher keine gesundheitlichen Probleme. Offensichtlich arbeiten sie sich einfach zu Tode. Zwei Drittel der Todesfälle beruhen auf Gehirnschlägen, ein weiteres Drittel auf Herzinfarkten. Laut Aussage des japanischen Gesundheitsministeriums könnte ›Karoshi‹ für zehn Prozent der Todesfälle unter arbeitenden Männern in Japan verantwortlich sein und gehört damit zur zweitgrößten tödlichen Krankheit in dieser Bevölkerungsgruppe.[2]

In den USA beobachten wir das Auftauchen von chronischen Erschöpfungskrankheiten, die als ›Epstein-Barr-‹ oder ›Yuppie-Krankheit‹ bezeichnet werden und vor allem aufsteigende, ledige, berufstätige Frauen im Alter von zwanzig bis Ende dreißig befallen. Diese chronischen Virussyndrome, die sich in geschwollenen Drüsen, Fieber, Gelenkentzündungen und einer überwältigenden Müdigkeit äußern, können monate- und sogar jahrelang anhalten. Wissenschaftler sind sich immer noch im Unklaren über die Ursachen für chronische Erschöpfung. In einer jüngsten Untersuchung jedoch fand man verblüffende Ähnlichkeiten zwischen den charakteristischen Merkmalen von chronischem Kokainmißbrauch und Erschöpfungssyndromen, was nahelegt, daß Störungen aufgrund von Suchtkrankheiten zu chronischer Erschöpfung führen können.[3] Der ständige Streß des Workaholic schwächt mit Sicherheit das Immunsystem, das damit anfällig für Virusinfektionen wird.

Außer an chronischer Erschöpfung und Tod durch Überarbeitung leiden Arbeitssüchtige auch an streßbedingten Krankheiten wie Magengeschwüren, Magen-Darm-Erkrankungen, Rückenschmerzen, Schlafproblemen, Kopfschmerzen und zu hohem Blutdruck. Selbst angesichts solch schwerer Symptome ignorieren Arbeitssüchtige ihren Schmerz. Eine Frau bekannte:

Als Arbeitssüchtige spüren wir keinen Schmerz. Ich hätte Ihnen nicht gesagt, daß mir etwas weh tat. Mein Adrenalin war so hoch, daß ich mich großartig fühlte. Erst als mich die körperlichen Kräfte verließen, begann ich Schmerzen zu empfinden, und ich habe die Symptome monatelang ignoriert, weil ich dachte, sie seien nur psychosomatisch, und ich könne gegen den Schmerz angehen, indem ich einfach weitermache.

Psychologisch gesehen erleben Arbeitssüchtige eine zunehmende Betäubung ihrer eigenen Gefühle. Bei einigen Arbeitssüchtigen kann es sein, daß sie bereits von Kindheit an mit ihrer Krankheit den Schmerz kompensieren, den sie in einer gestörten Familie erlitten haben. Also besteht die Abspaltung von den eigenen Gefühlen schon seit langer Zeit. Wie ein erwachsenes Kind von Alkoholikern, ein Flugzeugmechaniker, es formulierte:

Ich habe schon im Alter von acht Jahren mit dem Geschäftemachen angefangen, um meiner verrückten Familie aus dem Weg zu gehen. Ich habe geputzt, Clubs gegründet und bin Hobbys nachgegangen, habe versucht, meinen Eltern und schulischen Autoritäten zu gefallen – alles mögliche, nur um das Entsetzen darüber in Schach zu halten, daß ich in dieser kaputten Familie lebte. Selbst heute erlaube ich mir nicht, Befriedigung über meinen Erfolg zu empfinden. Ich fange sofort etwas Neues an.

Andere Süchtige zeigen schwere Stimmungsschwankungen und wechseln zwischen manischer Euphorie und schweren Depressionen. Diese Launenhaftigkeit wirkt sich oft auch auf den Arbeitsstil aus. Euphorische Arbeiter arbeiten ebenso hart, wie Arbeiter mit Arbeitsanfällen, und ihre Produktivität verläuft in Schüben.

Depressive Arbeiter ähneln Arbeitern mit chronischer Arbeitsunlust. Sie verschieben die Arbeit ständig und kommen überhaupt kaum in Gang.

Die meisten Arbeitssüchtigen leiden unter Vergeßlichkeit. Untersuchungen über Drogenabhängigkeit und andere Süchte haben gezeigt, daß Gedächtnisverlust ein charakteristisches Merkmal dieser Krankheiten ist. Einem genesenden Arbeitssüchtigen fiel auf, daß die Zeit für ein weiteres Leben gereicht hätte, die er dafür aufwandte, seine Schlüssel zu suchen, wegen verloren gegangener Papiere Krach zu schlagen (die dann ›mysteriöserweise‹ wieder auf seinem Schreibtisch auftauchten) und Sekretärinnen auf Botengänge zu schicken, um verschwundene Dinge neu zu besorgen, die später dann doch wieder gefunden wurden.

Arbeitssüchtige verlieren nicht nur ständig etwas, sie vergessen auch Verabredungen und Verpflichtungen. Sie vergessen Ideen und Pläne. Süchtige sind Menschen, die Versprechungen machen, welche sie nicht halten können oder wollen. Sie sagen ›ja‹, wenn sie ›nein‹ meinen, und vergessen also prompt Dinge, denen sie gerade noch zugestimmt haben. Arbeitssüchtige hetzen mit einer solchen Geschwindigkeit durch den Tag, daß sie unmöglich sämtliche Verpflichtungen einhalten können, die sie eingegangen sind. Sie haben meistens das Gefühl, gerade eben aufzuholen, was ansteht. Das führt zu Reizbarkeit, Wutausbrüchen, dem Gefühl, mißverstanden zu werden, und einer Tendenz zum Leiden.

Allmählich wird das Leben des Arbeitssüchtigen körperlich und emotional zum Trümmerhaufen. Vielleicht werden Familienmitglieder immun gegen den Süchtigen. In ihrer Verleugnung glauben sie, »So ist Mutti oder Vati eben.« Tatsächlich gewinnt der Krankheitsverlauf im Leben dieses Menschen immer mehr an Boden. Wird er nicht aufgehalten, führt er zum Tode.

Spiritueller Bankrott

Sämtliche Süchte beeinträchtigen unsere moralische Grundhaltung und führen zu einem spirituellen Bankrott. Arbeitssüchtige sind im täglichen Zusammenleben unaufrichtig, kontrollierend, egoistisch, perfektionistisch und nutzen sich selbst und andere aus. Kein Wunder, daß das auch auf ihre moralische Grundhaltung übergreift. Sie können ein solches Leben nicht führen, ohne den Boden unter den Füßen zu verlieren. Je weiter die Sucht fortschreitet, desto stärker verlieren Sie Ihre Verwurzelung in grundlegenden Werten.

Der spirituelle Bankrott ist das Symptom, das anzeigt, daß Sie der Arbeitssucht endgültig verfallen sind; er verkündet meistens, daß Sie in einer Sackgasse gelandet sind und nichts mehr zu verlieren haben. Viele Arbeitssüchtige sagen: »Ich weiß bei allem, was ich tue, nicht mehr, was richtig und was falsch ist. Und ich bin an dem Gott verzweifelt, den es da draußen geben und der mir helfen können soll.« Ich glaube, dieser Aspekt der Arbeitssucht ist der entsetzlichste. Es ist beängstigend, den Kontakt mit einer Macht zu verlieren, die größer ist als Sie selbst, und feststellen zu müssen, daß Ihre Krankheit, von der Sie wissen, daß sie zerstörerisch ist, Sie im Griff hat.

Glücklicherweise ist Spiritualität in dem Augenblick, in dem die abwärts führende Spirale der Arbeitssucht eine Kehrtwendung macht und aufwärts zur Genesung führt, das erste, was Menschen wiedergewinnen.

4 Der tödliche Verlauf der Arbeitssucht

Ein weit verbreiteter Mythos über Arbeitssucht und andere Süchte lautet, daß Sie erst ›völlig am Boden zerstört‹ sein müssen, um motiviert zu sein, den Weg zur Genesung einzuschlagen. Das stimmt nicht. Je früher wir den Krankheitsverlauf erkennen und aufhalten können, desto besser – auch wenn einige Arbeitssüchtige die Endstadien durchmachen müssen, um den Ernst der Sucht zu erkennen.

Auf der folgenden Seite ist eine schematische Übersicht oder Skala abgebildet, mit deren Hilfe das Fortschreiten der Krankheit Arbeitssucht grafisch dargestellt wird. Sie ähnelt der weit verbreiteten Jellnick Skala, die ursprünglich für die Diagnose und Behandlung des Alkoholismus benutzt wurde. Die Skala zeigt die Früh-, Mittel- und Endstadien der Krankheit. Im Anschluß an die Skala folgt eine detailliertere Erläuterung der einzelnen Phasen des Krankheitsverlaufs. In Kapitel 11 vervollständige ich dann die Skala, indem ich die Schritte aufzeige, die zurück zur Genesung und zu gesundem Verhalten führen. Es ist möglich, diese Übersicht als Hilfe für die Entdeckung früher Warnzeichen zu benutzen, um anfangen zu können, diese potentiell tödlichen Verhaltensmuster abzubauen.

In den frühen Stadien der Krankheit zeigen viele Workaholics Symptome, die sie irrtümlicherweise für vorübergehende oder situationsbedingte Streßsymptome halten. Je mehr ich aber über diese Krankheit erfahre, desto klarer wird mir, daß diese Symptome frühe Warnsignale für lebenslange Verhaltensmuster darstellen.

In den Frühstadien sind Arbeitssüchtige oft die ›Macher‹ ihres Lebens und zwar auf eine Art und Weise, die durch *Hetze, Ge-*

schäftigkeit, übertriebenes Sorgen und das Helfersyndrom charakterisiert ist. Von diesen Arbeitssüchtigen können Sie niemals Zuwendung bekommen, denn sie sind immer gerade dabei, eine andere Mission zu erfüllen. Kinder und andere Angehörige beklagen sich: »Du bist gar nicht für mich da.« Mit diesem typischen Verhalten geht die *Unfähigkeit* einher, *nein zu sagen.* Viele Arbeitssüchtige laden sich mehr auf, als sie schaffen können. Dieser Zug erwächst aus der Co-Abhängigkeit (ja sagen, wenn wir nein meinen, um anderen zu gefallen) sowie aus der *Überschätzung der eigenen Fähigkeiten.*

Arbeitssüchtige sind so ausschließlich an Aufgaben und nach außen orientiert, daß sie selten ihre persönlichen Grenzen zugeben. Und Schwierigkeiten im Leben begegnen sie, indem sie noch härter arbeiten und noch mehr tun. Eine übermäßig geschäftige Hausfrau reagierte auf den Krankenhausaufenthalt ihres Sohnes, indem sie sich noch mehr Aufgaben ausdachte, statt zur Ruhe zu kommen und sich ihre Panik und ihre Angst um den Sohn spüren zu lassen. Als Verwandte sich erboten, ihr auszuhelfen, erhob sie Einwand und behauptete, daß ihr Herumhetzen sie davon abhielte, sich zuviel Sorgen zu machen. Tatsächlich war das auch der Fall, aber es verhinderte gleichzeitig, daß sie für ihren Sohn, der sie dringend brauchte, da sein konnte. Außerdem war ihr Hetzen kein Verhaltensmuster, das sie lediglich als unmittelbare Reaktion auf die Krise ihres Sohnes entwickelt hätte. Es dauerte schon Jahre an und wurde nur deutlicher, als sie damit den Gefühlen aus dem Weg ging, die seine Krankheit bei ihr auslösten.

Das ständige Denken an die Arbeit ist ein typisches Verhalten, das meistens vor anderen verborgen wird. Dabei geht der Workaholic sehr raffiniert vor. So kann er zum Beispiel Volleyball spielen, während er sich in Wirklichkeit gedanklich mit einem Arbeitsprojekt beschäftigt. Die Lebensgefährten von Arbeitssüchtigen haben oft das Gefühl, den Süchtigen oder die Süchtige nie erreichen zu können. Das entspricht durchaus der Realität. Arbeitssüchtige sind ›nicht da‹, sie sind geistig anderweitig beschäftigt. Das Denken ist das Mittel, über das Süchtige ständig in Verbindung mit dem ›Nachschub‹ für ihre Arbeitssucht bleiben kön-

Die Skala für Arbeitssucht

Frühes Stadium

- Hetze, Geschäftigkeit, Sorgen und Helfersyndrom
- Unfähigkeit, nein zu sagen
- Ständiges Denken an die Arbeit
- Besessenes Aufstellen von Listen
- Überschätzung der eigenen Fähigkeiten
- Keine freien Tage
- Ständig mehr als vierzig Wochenstunden Arbeit

Mittleres Stadium

- Andere Süchte nehmen zu: Essen, Alkohol, Beziehungen, Geld usw.
- Das soziale Leben schrumpft oder existiert gar nicht
- Fängt an Beziehungen und diesbezügliche Verpflichtungen zu vernachlässigen
- Versuche, sich zu ändern, schlagen fehl
- Körperlich erschöpft, Schlafprobleme
- Phasen von Apathie, Luftlöcher starren
- Blackouts bei der Arbeit, im Straßenverkehr
- Chronische Kopfschmerzen, Rückenschmerzen, hoher Blutdruck, Magengeschwüre, Depressionen

Endstadium

- Gehirnschlag oder Herzinfarkt, schwere Krankheiten, Krankenhausaufenthalte
- Emotional abgestorben
- Moralischer und spiritueller Bankrott
- Tod

Das Fortschreiten der Krankheit

nen und das außerdem ihr Verleugnungssystem stützt. Werden sie darauf hingewiesen, daß sie übermäßig arbeiten, können Süchtige behaupten: »Ich arbeite gar nicht immer, ich verbringe auch Zeit mit dir.« Körperlich gesehen, stimmt das; geistig und emotional aber entspricht es keinesfalls der Wahrheit.

Viele Arbeitssüchtige sind *besessene Listenmacher*. Die Liste ist eine ständige Mahnung an all die Dinge, die es zu tun gibt, sowie ein Hinweis, daß man niemals alles erledigen kann. Da Arbeitssüchtige geistig nicht anwesend sind, werden Listen ganz wesentlich, wenn ihr Gedächtnis anfängt zu versagen. Wird ihr Leben immer chaotischer, ist die Liste schließlich der einzige Anhaltspunkt für das, was wann zu tun ist. Innere Prioritäten bleiben auf der Strecke; die Liste beherrscht alles.

Arbeitssüchtige haben das Gefühl, mit der Arbeit niemals ganz auf dem Laufenden zu sein. Zunächst fangen sie an, auch die Wochenenden und Abende hinzuzunehmen, um den Anforderungen, die sie spüren, zu genügen, ganz gleich, ob diese Anforderungen von ihrer Umgebung kommen oder sie diese aus ihrer Sucht heraus an sich selbst stellen. Dieses gelegentliche Vorgehen wird dann allmählich zum eingefahrenen Verhaltensmuster, bis sie feststellen, daß sie *gar keine freien Tage* mehr haben. Zwanghafte Helfer verfallen der gleichen Gewohnheit. Ein Geistlicher, der mit seiner Familie Urlaub machte, stellte fest, daß er den Problemen von Menschen zuhörte und Stunden damit verbrachte, ihnen mit seinem Rat beizustehen. Der Zweck seiner Reise war aber gewesen, genau von diesen Verhaltensweisen wegzukommen und Zeit mit seinen Lieben zu verbringen.

Schließlich wacht der Arbeitssüchtige eines Tages auf und muß feststellen, daß seine Arbeitswoche *kontinuierlich vierzig Stunden überschreitet.* Daß vierzig Stunden einfach nicht mehr reichen, ist nicht länger die Ausnahme, sondern die Regel. Auch wenn vierzig Stunden keine magische Zeitspanne sind, stellen sie doch die allgemein akzeptierte Durchschnittarbeitszeit von Menschen dar, denen auch noch andere Aspekte ihres Lebens wichtig sind – Familie, körperliche und geistige Gesundheit, geselliges Leben. Was das Thema Arbeitszeit betrifft, so werden Workaholics von der Sucht dermaßen angetrieben, daß sie glauben, Grenzen seien nicht nötig. Wenn Arbeitssüchtige aufhören, die Stunden zu zählen, die sie mit Arbeit verbringen, haben sie ihr Leben nicht mehr unter Kontrolle und befinden sich meistens in der Gewalt der Krankheit. Sie wechseln von den Frühstadien der Arbeitssucht über zu den mittleren Phasen der Krankheit.

In den mittleren Stadien der Arbeitssucht beginnen Arbeitssüchtige die Krankheit in Schutz zu nehmen und Lügen darüber zu erzählen. Sie haben eindeutig das Gefühl, daß ihr Leben von etwas anderem bestimmt wird als von den eigenen Motivationen, inneren Abläufen oder Zielen. Während dieses Stadiums beobachten wir häufig, daß *zunehmend andere Süchte auftreten*. Vielleicht werden Unmengen Alkohol getrunken, das Geldausgeben überschreitet jedes Maß oder Suchtbeziehungen treten zutage. In dieser Phase der Krankheit können die Angehörigen leicht in Verwirrung geraten. Obwohl Arbeitssucht doch wahrscheinlich die primäre Sucht ist, fragt sich die Familie, ob der Mensch, den sie liebt, nicht in Wirklichkeit alkohol- oder eßsüchtig ist. Die Suchtmittelabhängigkeiten sind leichter nachweisbar. Oft sind die anderen Süchte einfach Hintergrundsüchte oder sekundäre Süchte, die dazu dienen, den Schmerz zu betäuben und die Verleugnung zu verschleiern, die mit Arbeitssucht einhergehen.

Im mittleren Stadium *nimmt das soziale Leben beträchtlich ab*, und der Arbeitssüchtige *beginnt, Beziehungen und damit einhergehende Verpflichtungen zu vernachlässigen*. Der Grund dafür ist, daß er keine Zeit für Beziehungen hat. Seine Zeit und Aufmerksamkeit wird jetzt ganz von der Sucht in Anspruch genommen. Außerdem sind die Menschen, die dem oder der Süchtigen nahestehen, die ersten, denen auffällt, daß es Probleme gibt. Wenn der Arbeitssüchtige eine Zeitlang von denen, die ihn kennen, beobachtet wird, besteht die Wahrscheinlichkeit, daß ihn über kurz oder lang irgend jemand auf die Krankheit hinweist. Sämtliche Suchtkranken isolieren sich. Sie glauben, sie seien einzigartig – unheilbar einzigartig in manchen Fällen. Solange sich andere nicht einmischen, kann der Arbeitssüchtige die Illusion aufrechterhalten, daß sein krankhaftes Verhalten normal ist.

Die meisten Workaholics scheinen nach außen hin sehr kompetent zu sein und alles in der Hand zu haben, während sie sich innerlich in einem Chaos befinden. Sie sind in Panik. In dieser Phase ihrer Arbeitssucht können sie sich *körperlich völlig erschöpft* fühlen und Schlafprobleme haben. Ihr Adrenalinspiegel ist so hoch, daß sie ständig wie im Rausch sind, und es ist schwierig, davon herunterzukommen, selbst wenn sie sich körperlich ausgelaugt fühlen. Es kann sein, daß sie tatsächlich versuchen, sich zu ändern, mit dem Resultat, daß ihre *Versuche, sich zu ändern, fehlschlagen.* Diese Versuche sind meistens deswegen zum Scheitern verurteilt, weil sie kurzfristig sind und nicht von der Erkenntnis ausgehen, daß Arbeitssucht eine Krankheit ist. Sie basieren auf guten Absichten und Versprechungen, die einzuhalten für den Arbeitssüchtigen hoffnungslos ist. Auch sind die Versuche zur Veränderung selten ganzheitlich. Meistens beziehen sie sich nur auf einen Aspekt der Krankheit.

In dem Bemühen, an seinem zwanghaften Arbeiten etwas zu ändern, beschloß ein Computer-Programmierer, seinen tragbaren Computer nicht mit nach Hause zu nehmen. Diese Veränderung beschränkte sich auf einen Aspekt seines Suchtverhaltens, nämlich den Umgang mit seinem Computer. Als nächstes zog er sich in seinen Werkzeugraum zurück und bastelte dort mit der gleichen Intensität, mit der er sich vorher mit seinem Computer beschäftigt hatte. Dann nahm er sich jeden Abend Zeit für seine Familie, fuhr aber fort, zwanghaft an seine Arbeit zu denken. Mit der Zeit machte er sich völlig fertig mit seinen Versuchen, sein individuelles Verhalten zu ändern. Und außerdem unternahm er die meisten Versuche völlig isoliert, ohne sich zuerst einmal einzugestehen, daß er seiner Krankheit gegenüber machtlos war, und dann um Hilfe zu bitten.

Die Endstadien der Krankheit beginnen mit dem Eintreten schwerer körperlicher und geistiger Symptome. An diesem Punkt wechselt der Arbeitssüchtige zwischen Zeiten intensiver Aktivität und *apathischem in die Luft starren* hin und her. Dieses schizophrene Verhaltensmuster beinhaltet auch Blackouts, Zustände, in denen der Arbeitssüchtige bei Bewußtsein zu sein scheint, später aber an bestimmte Aktivitäten überhaupt keine Erinnerung hat. Das ist schwerwiegender als Verabredungen zu vergessen oder Schlüssel zu verlieren. Immer häufiger kommt es vor, daß der Workaholic über gewisse Zeitspannen keine Rechenschaft mehr ablegen kann. Während dieser Blackouts gefährdet er möglicherweise sein Leben oder das Leben anderer. Vor allem Arbeitssüchtige, die mit Giftstoffen zu tun haben oder die sehr viel Auto fahren, sind während der Blackouts in Gefahr.

Während sämtlicher Stadien der Krankheit leiden Arbeitssüchtige unter leichten körperlichen Beschwerden. Geht es auf das Endstadium zu, sind die Symptome so schwer, daß sie den Süchtigen ernsthaft beeinträchtigen. Die am meisten verbreiteten Symptome sind *starke Kopfschmerzen, Rückenbeschwerden, hoher Blutdruck, Magengeschwüre und Depressionen.* Diese Krankheiten sind chronisch und bewirken jetzt, daß der Arbeitssüchtige langsamer machen muß. Vielleicht erteilen die Ärzte jetzt Warnungen wie, »kürzer zu treten« oder »den Lebensstil zu verändern«. Werden diese Warnungen nicht beachtet, schreitet die Krankheit fort, und schließlich führt ein *Herz- oder Gehirnschlag oder eine andere schwere Krankheit zu einem Krankenhausaufenthalt.*

Inzwischen hat der Arbeitssüchtige das Gefühl, sich fest in den Klauen der Krankheit zu befinden, und zwar sowohl den Leiden, die ihn körperlich schwächen, als auch dem Krankheitsverlauf der Sucht. Außerdem hat der betroffene Mensch das Gefühl, *emotional wie abgestorben und spirituell bankrott* zu sein. Es ist, als wären seine sämtlichen Reserven aufgebraucht, und er hat nichts mehr, worauf er zurückgreifen kann. Dies ist das kritische Stadium für den Arbeitssüchtigen.

Vielleicht ist der *Krankenhausaufenthalt* alarmierend genug, um sein Verhaltensmuster zu durchbrechen und ihn zur Ruhe zu zwingen, aber Arbeitssüchtige im Endstadium fangen oft schon im Krankenhausbett wieder an zu arbeiten. Für sie ist es meistens nur eine Frage der Zeit, wann die Arbeitssucht ihren unvermeidlichen Lauf nimmt und mit dem *Tod* endet.

5 Frauen
und Arbeitssucht

Selbsthilfebücher bereiten mir Unbehagen. Als ich mich darauf vorbereitete, dieses Kapitel von *Wir arbeiten uns noch zu Tode* zu schreiben, habe ich mehrere ausgezeichnete Bücher für Frauen zu Themen wie totale Erschöpfungszustände, Perfektionismus und Selbstachtung durchgesehen. Dabei wuchs mein ungutes Gefühl. Sämtliche Autoren und Autorinnen beschreiben Symptome bei Frauen und bieten dann Mittel und Methoden zur Heilung an. Nicht berücksichtigt wurde, welche Rolle die Gesellschaft dabei spielt. Das wurde lediglich am Rande erwähnt. Mir wird immer unwohler dabei, daß wir stillschweigend akzeptieren, wie unsere Unternehmen und unsere Gesellschaft sich das Recht herausnehmen, uns zu Tode arbeiten zu lassen.

Arbeitssucht ist eindeutig ein individuelles Leiden. Wir alle erfahren immer mehr darüber, welche Rolle die Suchtkrankheiten bei uns selbst und in unseren Familien spielen. Wenn wir uns jedoch weiterhin ausschließlich auf das Individuum konzentrieren und den Scheinwerfer nicht auch auf die Gesellschaft richten, ist das eine Blindheit, die fast an Dummheit grenzt. Süchte sind individuelle, familiäre, institutionelle und gesellschaftliche Krankheiten. Nirgendwo wird das so deutlich wie im Falle von Frauen und Arbeitssucht.

Bevor wir die Dimension der weiblichen Arbeitssucht untersuchen, lassen Sie uns einen Blick auf den sozialen Lebens- und Arbeitszusammenhang von Frauen werfen. Ein altes Sprichwort sagt: »Ein Mann arbeitet von Sonnenaufgang bis Sonnenuntergang, aber die Arbeit einer Frau ist niemals getan.« Die Statistiken scheinen diese Worte zu bestätigen. In den USA sind 60 Prozent aller Frauen berufstätig oder auf der Suche nach einer Arbeit außer Haus. Das sind 20 Prozent mehr als 1970. Heute werden bei uns weniger als 10 Prozent sämtlicher Haushalte von einem berufstätigen Ehemann und einer Ganztagshausfrau getragen; in 57 Prozent aller Familien arbeiten beide Eheleute ganztags, damit die Einkünfte ausreichen. 38 Prozent aller Kinder leben in Haushalten mit einem alleinstehenden Elternteil, und jede zweite Ehe endet mit der Scheidung. Familien, in denen alleinstehende Mütter die Alleinverdienenden sind, nehmen zu. Der Lebensstandard einer geschiedenen Frau nimmt durchschnittlich um etwa 73 Prozent ab, während der des Mannes im ersten Jahr nach der Scheidung um ca. 42 Prozent steigt. Fügen Sie diesen Zahlen hinzu, daß die Reallöhne in den USA seit 1973 sinken und 1986 um 13.8 Prozent niedriger geworden sind, so ist es keineswegs überraschend, daß die Freizeit seit 1973 um 37 Prozent geschrumpft ist, und die Arbeitswoche sich zum ersten Mal in diesem Jahrhundert verlängert, statt kürzer zu werden.[1]

Außerdem verdienen Frauen in fast sämtlichen Berufen mit wenigen Ausnahmen immer noch weniger als Männer, und die Ausnahmen sind so selten, daß sie das Gesamtbild nicht verändern. Wenn wir von der Tatsache ausgehen, daß Frauen weniger Geld verdienen, weniger Aufstiegsmöglichkeiten haben, häufig auf Arbeitsplätzen sitzen, die keine Beförderungsmöglichkeit bieten und in der Mehrzahl aller geschiedenen Familien die Kinder allein aufziehen – ist es da ein Wunder, daß sie die Hauptkandidatinnen für Arbeitssucht sind?

Wir alle müssen die Verantwortung für unsere Gesundheit und unser Wohlergehen übernehmen und uns auch der gesellschaftlichen Suchtdynamik zuwenden. Eine Mutter, die in einer Fabrik arbeitet, abends und nachts Büros putzt und an den Wochenenden Pizzas ausliefert, sagte: »Vielleicht gehöre ich auch zu diesen Workaholics. So ganz genau weiß ich das nicht. Was ich weiß ist, daß ich ständig vor Müdigkeit weinen könnte. Was ich weiß ist, daß ich drei Kinder ernähren und kleiden muß. Und für etwas anderes habe ich gar keine Zeit.« Wenn Ihr bloßes Überleben von der Arbeit abhängt, wie es bei dieser Mutter der Fall ist, kann es sein, daß Sie unfreiwillig arbeitssüchtig sind und in einer Gesellschaft zu überleben versuchen, die suchtkrank ist und versagt.

Erikas Geschichte

Erika ›wachte auf‹ an dem Tag, als sie ohnmächtig wurde! Nachdem sie mit einer besonders stressigen Arbeit aufgehört hatte, brach sie am Tag danach in einem Restaurant zusammen und wurde bewußtlos. Sie hatte keinen Puls, und für ein paar Minuten lang schien es, als wäre sie tot. Als sie wieder zu Bewußtsein kam, wußte sie, daß ihr Leben auf dem Spiel stand. Sie mußte einiges verändern.

Arbeitssucht war in Erikas Familie eine generationsübergreifende Krankheit. »In meiner Familie tat man ständig etwas, fühlte aber nichts.« Und das Tun war verführerisch, weil es so kreativ war. Erikas Familie machte ungewöhnliche Dinge, wie zum Beispiel dreiwöchige Reisen mit Packeseln oder Ski aus rohen Brettern herstellen. Ihre Mutter lebte in einer Welt voller Pläne, und ein Projekt jagte das andere. Die meisten machten Spaß, und deswegen entwickelte Erika eine Abscheu vor Dingen, denen sie keinen Spaß abgewinnen konnte. Außerdem glaubte sie zu sein, was sie tat. Sie hatte nicht die Erfahrung gemacht, um ihrer Selbst willen geliebt zu werden. »Meine Gefühle waren noch nicht einmal erstarrt«, spöttelt sie, »sie wurden einfach nie geboren.« Erika erinnert sich daran, wie eine gute Freundin sie einmal fragte, wie sie sich fühle, und Erika dachte, das bedeute, »ob ich Schmerzen im Knie habe oder Kopfschmerzen. Es kam mir nie in den Sinn, daß sie mich fragte, was ich in bezug auf eine bestimmte Idee empfand, oder einfach, wie ich mich fühlte.«

Erika wurde Grundschullehrerin – der perfekte Beruf für ihre Verspieltheit und ihre Arbeitssucht. Sie unterrichtete den ganzen Tag lang, und in ihrer Freizeit arbeitete sie noch außerhalb des Lehrplans. Inzwischen hatte sie selbst drei kleine Kinder und sich von ihrem Mann scheiden lassen, als ihr jüngstes Kind vier Jahre alt war. Nachdem sie sechs Jahre lang eine Sonderklasse in einem Extragebäude unterrichtet hatte, wechselte Erika den Beruf. Außerdem konnte sie sich und ihre Kinder von ihrem Lehrerinnengehalt kaum ernähren.

Erika nahm eine Stelle als Finanzberaterin an. Plötzlich befand sie sich in einer Umgebung, gegen die ihr die Schule wie ein Picknickplatz vorkam. Um als Finanzberaterin Erfolg zu haben, mußte sie siebzig Stunden die Woche arbeiten und sich außerdem noch auf die Zulassungsprüfungen vorbereiten. Insgesamt arbeitete sie für ihren Beruf neunzig Wochenstunden und war außerdem noch die perfekte Mutter, die buk, die Kinder herumfuhr und anderes mehr.

Im ersten Jahr verdiente Erika im neuen Beruf mehr Geld als mit dem Unterrichten und war die Spitzenverdienerin der Firma. Ihre Einkünfte reichten für die Bedürfnisse ihrer Familie aus, also sagte sie ihrem Vorgesetzten, daß sie nicht mehr Geld brauche und lieber Zeit zu Hause verbringen wolle. Darauf antwortete ihr Vorgesetzter mit der Forderung, sie solle ihre Leistungen noch um 25 Prozent steigern. Erika sagte dieser Firma auf Wiedersehen, nachdem sie heimlich Kundennamen gesammelt und sich nach einer neuen Arbeit umgesehen hatte. »Wir hatten keine freundschaftliche Atmosphäre von Zusammenarbeit, in der man offen hätte sagen können, was man tat.« Am Tage, nachdem Erika die Finanzberatungsfirma verlassen hatte, ging sie mit Freunden essen, und während dieses Essens wurde sie ohnmächtig.

Rückblickend kann Erika sehen, daß ihr Körper schon früher Warnsignale ausgesendet hatte. Sie fühlte sich körperlich wie ›auf Droge‹, obwohl sie keine Medikamente einnahm. Sie war mehrmals ernsthaft krank gewesen, ohne sich ins Bett zu legen. Einmal war sie so blutarm gewesen, daß sie eine starke Bluttransfusion brauchte. Ihr Blutbild war so schlecht, daß niemand verstand, wie sie es anstellte, herumzulaufen und nicht das Bett zu hüten. Sie bekam häufig eitrige Infektionen, die dann schließlich akut wurden, bevor ihr bewußt wurde, wie krank sie war.

Als nächstes machte sie sich zwanghafte Sorgen darüber, ob ihre Kinder auch in jeder Hinsicht perfekt waren. Sie hatte sich so isoliert, daß es für sie nur noch die Arbeit und die Familie gab. Sämtliche Kraft, die noch übrig war, widmete sie den Kindern, und zwar mit der Absicht, sicherzustellen, daß diese perfekt waren. »Ich kann jetzt sehen, daß ich meine Kinder benutzte. Wenn sie perfekt waren, konnte ich an der Illusion festhalten, daß auch mit mir alles in Ordnung war. Ich mußte mich nicht selbst betrachten und mir anschauen, was ich mir und meinem Leben antat.«

Erikas Verleugnung war ebenso stark wie der Schmerz, den sie vermied. Nachdem sie ihre Arbeitssucht beim Namen genannt und die ersten Genesungsschritte getan hatte, kam sie in Berührung mit Inzesterlebnissen aus ihrer Kindheit. Sie hat jetzt das Gefühl, daß sie durch das bereitwillige Akzeptieren ihrer Arbeitssucht den Schmerz und die Erinnerung an den Inzest blockiert hatte. Auch wenn es nicht einfach gewesen war, sich mit dem Inzest auseinanderzusetzen, ist Erika erleichtert darüber, daß sie ihre Familiengeschichte jetzt schließlich doch versteht. Sie benutzt die Arbeit nicht mehr, um sich vom Fühlen abzuhalten, und kommt auf diese Weise ihrer Heilung näher.

Eine interessante Anmerkung zu Erikas Geschichte betrifft ihr neues Geschäftsunternehmen. Sie war sich im klaren darüber, daß sie die Finanzberatung nicht im Rahmen einer Firma fortsetzen konnte. Ihre Genesung von der Arbeitssucht war noch nicht so weit fortgeschritten, als daß sie sich in den Konkurrenzkampf zurückbegeben konnte, also eröffnete sie zusammen mit zwei weiteren Finanzplanern ein eigenes Unternehmen. Augenblicklich arbeiten die drei in gemeinsamen Büroräumen, aber unabhängig voneinander. Erika hat auf dieser Regelung bestanden, weil sie wußte, daß sie mehr freie Zeit braucht als die anderen, und sie wollte nicht in einer Umgebung arbeiten, wo man Überstunden von ihr erwartete.

Auch wenn Erikas Mitarbeiter finanziell nicht von ihr abhängig sind, schauen sie sie mißbilligend an, wenn sie um 17 Uhr geht oder sich für Reisen freinimmt. Sie bekommt bissige Bemerkungen über ihren ›bequemen‹ Lebensstil zu hören oder Sätze wie, »Ich wünschte, ich könnte so ungebunden leben wie du«, und zwar von Menschen, deren Leben von der Arbeitssucht beherrscht wird. Diese Menschen fühlen sich in Erikas Gegenwart unwohl, weil sie versucht, etwas gegen ihre Sucht zu unternehmen. Erikas

Heilung stellt für die Krankheit ihrer Geschäftspartner eine Bedrohung dar, und sie versuchen sie auf subtile Weise herunterzumachen, statt sich mit ihrem eigenen Arbeitsverhalten auseinanderzusetzen.

Erikas Geschichte ist prototypisch für Frauen, die arbeitssüchtig sind: die Verleugnung der Gefühle in der Kindheit; die Tendenz, einen typisch weiblichen Beruf zu ergreifen (Lehrerin, Krankenschwester oder Sekretärin), in dem die Anforderungen groß, Gehalt und Aufstiegsmöglichkeiten dagegen gering sind; die Weigerung, körperlichen Symptomen Beachtung zu schenken; die Projektion der eigenen perfektionistischen Erwartungen auf die Kinder und die Zunahme von Streßfaktoren im Leben, wobei gleichzeitig die Fähigkeit schwindet, die Auswirkungen dieser Faktoren einzuschätzen. Bemerkenswert ist, daß in Erikas Geschichte nirgendwo die Vermutung auftaucht, sie könnte nicht fähig sein zu tun, was sie tun möchte. Sie wechselt glatt und ohne Hindernisse von der Lehrerin zur Finanzberaterin über.

Für Frauen und für weibliche Arbeitssüchtige sind die eigenen Fähigkeiten kein Thema. Frauen neigen dazu, ihre Fähigkeiten realistisch einzuschätzen. Bei ihnen geht es vielmehr darum, ob sie an sich glauben. »Irgendwo ganz tief innen«, berichtet Erika, »fühlte ich mich minderwertig. Ich war einfach nicht gut genug.« Die Arbeitssucht schleicht sich genau dort bei uns ein, wo wir dieses Gefühl von Unzulänglichkeit haben. Wir versuchen mit einer äußeren gnadenlosen Geschäftigkeit eine innere Leere zu füllen.

1981 setzte Anne Wilson Schaef die innere Leere oder Hohlheit, die Frauen empfinden, gleich mit »der Erbsünde, als Frau geboren zu sein.«[2] Sie sah in dieser Leere ein Gefühl von Unzulänglichkeit, das wir ständig mit uns herumtragen und das darauf beruht, daß wir Frauen in einer vorwiegend von weißen Männern beherrschten Gesellschaft sind. Wie die Menschheit, nach dem Mythos von der Erbsünde, sind wir mit diesem Minderwertigkeitsgefühl geboren worden, und was wir und andere auch tun mögen, nichts kann diese Leere füllen. Wir fühlen uns von Natur aus unterlegen.

Eine Freundin von mir formulierte einmal die Beobachtung, daß »Arbeitssucht die Sucht für Menschen ist, die sich wertlos fühlen.« Colette Dowling weist in ihrem Buch *Perfekte Frauen* auf etwas Ähnliches hin. Sie beschreibt, wie die heimliche Angst von Frauen vor ihrer eigenen Unzulänglichkeit sie zu Leistungen antreibt. Unser Selbstwertgefühl existiert nicht unabhängig von unseren Leistungen, sondern beruht tatsächlich auf diesen:

Unsere wahnwitzige Aktivität ist symptomatisch, ein Versuch, das Gefühl geringen Selbstwerts zu verdrängen oder zu verleugnen. Das Selbstwertgefühl von Frauen hat sich nicht ihren Leistungen entsprechend entwickelt. Tatsächlich ist es allzuoft oft von Leistungen *abhängig*. Darin liegt – wie wir noch sehen werden – der Grund für das Gehetztsein, das so viele von uns empfinden.[3]

Dowling und andere weisen darauf hin, daß unsere fieberhafte Aktivität den Versuch darstellt, durch ›Machen‹ eine Identität zu gewinnen. Und mehr als machen: es gut machen, perfekt machen, es so machen, daß es anderen gefällt. All dieses Streben bringt uns innerlich nirgendwohin, weil es uns nicht von unserer geringen Selbstachtung befreit, wenn wir anderen zuliebe arbeiten und sie umsorgen.

Ellen Sue Stern, die Autorin von *Der Superfrau-Komplex*, sieht es so, daß unser Versuch, uns unentbehrlich zu machen, Ausdruck unserer mangelnden Selbstachtung ist. Historisch gesehen hat die Rolle der Frau immer darin bestanden, die Nährende zu sein, so daß wir unsere Selbstachtung aus unserer Fähigkeit gewannen, uns auf die Bedürfnisse anderer zu beziehen und diese zu erahnen. Das Bedürfnis unentbehrlich zu sein, geht noch über die Rolle der Nährenden hinaus. Stern glaubt:

Unser unbewußtes Ziel ist, so begehrenswert, so gescheit, so tüchtig, so gebend, so perfekt zu sein, daß andere davon überzeugt sind, ohne uns – wenn überhaupt – nicht so gut zurechtzukommen. In unserem Bemühen, Sicherheit und Weiterkommen im Beruf zu garantieren, an unseren Beziehungen festzuhalten und meist auch ein positives Image von uns zu schaffen und zu pflegen, tun wir so, als wären wir unfehlbar, und als ginge nichts über unseren Horizont.[4]

Tatsache ist, daß die heutigen Frauen ganz einfach überfordert sind von dem gesellschaftlichen Anspruch, sowohl Lohn- als auch Hausarbeit zu leisten. Eine kürzlich aufgestellte Übersicht teilte die Arbeitswoche einer Frau in 25 Bereiche ein: Berufsarbeit, Fahrzeit, Telefonanrufe beantworten, Zusammensein mit den Kindern, Lebensmitteleinkäufe, Kochen, Hausarbeit, Versorgung von Haustieren, Besuche bei Eltern/Verwandten, Wäsche, Reparaturen, Lesen. Diese und weitere Aktivitäten beliefen sich auf 168 potentielle Arbeitsstunden, das sind 7 Tage die Woche täglich 24 Stunden. Das ist Druck genug.

Die Arbeitssüchtige verstärkt diesen Druck für sich noch, indem sie sich unentbehrlich macht. Sie arbeitet noch härter. Und selbst wenn sie sich über den Druck beklagt, lehnt sie es ab, sich davon zu befreien, weil das Gefühl, unentbehrlich zu sein, ihr die Sicherheit gibt, geschätzt und gebraucht zu werden.

Das Bedürfnis, für andere unentbehrlich zu sein, ist schon vor langer Zeit als ein Hauptmerkmal für Co-Abhängigkeit erkannt worden, womit das Verhalten eines Menschen bezeichnet wird, der einen Süchtigen in seiner Sucht in einer Form unterstützt, die selbst gestört ist. Viele Co-Abhängige haben die Tendenz, sich außerhalb der eigenen Person nach Anhaltspunkten umzusehen, die ihnen sagen, was sie zu tun und zu fühlen haben. Diese Außenorientierung ist oft auch ganz typisch für weibliche Workaholics. Viele Frauen, die arbeitssüchtig sind, berichten, sie hätten festgestellt, daß ihre Arbeitssucht sich aus ihrer Co- Abhängigkeit entwickelt hat. Vielleicht trat sie zunächst in der Form auf, anderen übermäßig gefallen zu wollen, und hat sich dann weiterentwickelt zu Geschäftigkeit, Hetze und Sorge – alles Komponenten von Arbeitssucht.

Bei anderen arbeitssüchtigen Frauen besteht eine enge Verbindung zwischen ihrer Beziehungs- und ihrer Arbeitssucht. Eine Verwaltungssekretärin erzählte mir, daß sie so darauf aus war, ihrem Chef, den sie idealisierte, zu gefallen, daß sie sich niemals wegen Überstunden beklagte und sogar Einspruch erhob, wenn er ihr vorschlug, sich freizunehmen. Sie glaubte, sie würde durch ihren Arbeitseinsatz seine Bewunderung und mit ihrer Zuverlässigkeit seine Freundschaft erwerben. Ihre eigene Entwicklung und ihre eigenen Bedürfnisse ließ sie außer acht.

Der Chef, der selbst arbeitssüchtig war, liebte es, sie schwer arbeiten zu sehen (er liebte nicht sie!) und deckte sie mit Arbeit ein. Als sie anfing, Fehler zu machen und krank zu werden, war er weniger begeistert. Als sie schließlich erschöpft kündigte, bekam sie Selbstmordgedanken bei der Erkenntnis, daß sie für diesen Mann lediglich ein Objekt gewesen war, das ausrangiert wurde, als es nicht mehr nützlich war. Doppelt kränkend war die Erkenntnis, daß sie zugelassen hatte, auf diese Weise ausgenutzt zu werden, sich in stundenlanger Anstrengung ihrer Arbeit gewidmet zu haben im Austausch für ein zehnsekündiges Kopftätscheln. Am Ende war alles hohl und schal. Sie fühlte sich leer und fertig, weil sie sah, daß sie sich über die Beziehung zu ihrem Chef Illusionen gemacht hatte, und ebenso fertig war sie von der ständigen Anstrengung, die diese Illusionen zur Folge hatte.

Andere weibliche Arbeitssüchtige berichten von chronischen Blasenentzündungen. Sie nehmen sich einfach nicht die Zeit, zur Toilette zu gehen, vor allem, wenn sie mit Männern zusammenarbeiten. Sie erzählen, wie Männer grinsen und die Augen verdrehen, wenn sie sich bei Konferenzen für einen Augenblick entschuldigen. Diese Frauen orientieren sich so stark an der männlichen Anerkennung, daß sie tatsächlich bis zu zehn Stunden ihren Urin zurückhalten. Mehrere Frauen berichten, sie müßten oft so dringend urinieren, daß sie es auf dem Heimweg von der Arbeit nicht bis nach Hause schaffen und ins Gebüsch pinkeln.

Als ich ihre Geschichte hörte, hatte ich das Gefühl, ein extremes Beispiel von Selbstmißhandlung vor mir zu haben, das aus Co-Abhängigkeit (sich Sorgen darüber machen, was Männer denken könnten) und Arbeitssucht erwachsen war. Die Geschichte wurde mir bei einem großen Frauentreffen erzählt. Zu meiner Überraschung nickten viele Köpfe, und überall um mich herum begannen Frauen ähnliche Erfahrungen zu erzählen oder von Freundinnen zu berichten, die sich genauso verhalten hatten. Das Bedürfnis, von Männern anerkannt zu werden, das mit der zunehmenden Ausblendung eigener körperlicher Bedürfnisse einhergeht, war bei Frauen viel häufiger der Grund für Erkrankungen, als ich mir vorgestellt hatte. Die Kombination von Arbeitssucht und Beziehungssucht stellt eine Gefahr für unsere Gesundheit dar.

Weibliche Workaholics sind nicht immer berufstätig. Einige führen ein gut durchorganisiertes Leben zu Hause, und ihr Arbeitsbereich ist überschaubar und begrenzt. Ihre Sucht äußert sich im unaufhörlichen Sorgen um Dinge und Menschen, in ständigem Denken und Planen. Nach außen hin scheinen sie ruhig zu sein, aber innerlich sind sie ein Nervenbündel und von einer enormen geistigen Aktivität, die größtenteils oberflächlich ist.

Ich kannte eine Frau, die Stunden damit verbringen konnte, ›Dinge zu arrangieren.‹ Wenn man eine Wegbeschreibung brauchte, versorgte sie einen mit vier oder fünf verschiedenen Alternativen, das Ziel zu erreichen, und keine war unkompliziert. Wenn ihre Kinder Verabredungen hatten oder ihr Mann zum Flughafen mußte, stürzte sie sich auf die Planung der Fahrten und hing Gedanken nach wie: »Aber was ist, wenn das und das geschieht? Und wie sollen wir damit umgehen?« Sie hatte die Gabe, die einfachsten Dinge kompliziert zu machen. Natürlich ließen sämtliche Co-Abhängige in ihrer Umgebung zu, in ihr ständiges Tüfteln und Planen einbezogen zu werden, bis alle angesichts der enorm vielen unvorhergesehenen Möglichkeiten die Augen verdrehten. Die Familie ging aus dieser Art von Austausch verwirrt, gereizt und mit dem Gefühl hervor, daß ihre Mutter nicht in der Lage war, einen simplen Plan zu entwerfen oder zu befolgen.

Arbeitssucht verhindert Nähe zu uns selbst und anderen Menschen. Die zwanghafte Tüftlerin stellte mit ihren Lieben über Themen Kontakt her, die für das Zusammenleben scheinbar wichtig waren, aber die Art, wie sie sich dann austauschten, verhinderte Nähe. Die Folge ihres Verhaltens war, daß die Familie die Mutter schließlich mied und solchen Gesprächen aus dem Weg ging. Die Frau fühlte sich dann mißverstanden und mißachtet und spielte die Märtyrerin, weil sie glaubte, auf ihr laste das ganze Gewicht, für die Familie zu planen. Vielleicht hätte die Familie ohne die zwanghafte Aktivität der Mutter ganz andere Themen gehabt, Themen, die zu bedrohlich für ein gemeinsames Gespräch waren;

oder vielleicht hätte diese Mutter sich ohne ihre planende Rolle wertlos gefühlt.

Frauen müssen sich nicht in der Geschäftswelt bewegen, um ein Leben als Arbeitssüchtige zu führen. Immer wenn wir mit unserer Geschäftigkeit, Hetze und Zwanghaftigkeit eigene innere Abläufe verdrängen, befinden wir uns auf dem Wege zur Arbeitssucht und wahrscheinlich auch auf dem Wege in die Erschöpfung.

Früher glaubten einige Autorinnen und Autoren, daß Arbeitssucht vor allem eine Sucht der Männer sei. Bilder wie ›der Mann im grauen Flanellanzug‹, ›der Mann der Firma‹ und ›der Mann als Brötchenverdiener‹ nährten diesen Mythos. Für die heutige Gesellschaft gilt nicht, daß Arbeitssucht ein ›Vorrecht‹ von Männern ist. In dem Maße, wie Frauen auf dem Arbeitsmarkt mit Männern gleichziehen, beginnen auch bei ihnen die typisch männlichen Krankheiten aufzutreten. Herzkrankheiten nehmen bei Frauen ebenso zu wie Alkoholismus, und auch die Arbeitssucht greift bei Frauen immer mehr um sich.

Heutzutage gehen die gesellschaftlichen Anforderungen, die aus den verschiedensten Ecken an die Kompetenz von Frauen gestellt werden, einher mit nagenden Fragen nach ihrer Selbstachtung, die eine Folge des Zwangs sind, daß Frauen ihren Wert beweisen müssen. Das ist eine tödliche Kombination, die so unweigerlich den Boden für Arbeitssucht bereitet, daß man sich fragt, warum eigentlich nicht alle Frauen in diesem sinkenden Schiff sitzen.

6 Männer
und Arbeitssucht

Für Arbeitssucht gilt wie für andere Suchtkrankheiten auch, daß sie nicht vor dem Geschlecht halt macht. Sie befällt Männer wie Frauen gleichermaßen. Als ich mich daran machte, dieses Buch zu schreiben, fragte ich mich sehr wohl, ob Männer und Frauen ihre Arbeitssucht unterschiedlich erleben. Meine Interviews und Erfahrungen haben mir aber gezeigt, daß die Krankheit eine ganze Bandbreite von Symptomen entwickelt, von denen wir alle ganz unabhängig von unserem Geschlecht betroffen sind. Gleichzeitig gibt es jedoch Züge, die für Männer charakteristisch zu sein scheinen, und auch Merkmale, die typischerweise bei Frauen auftreten. Wie wir im vorigen Kapitel über Frauen und Arbeitssucht gesehen haben, steht die weibliche Arbeitssucht in einem bestimmten sozialen Zusammenhang. Das gleiche gilt auch für Männer. Während Frauen sich aufgrund der ›Erbsünde‹, als Frau geboren zu sein, von Anfang an unterlegen fühlen, leiden Männer unter dem gegenteiligen Mythos. Sie kommen mit der drückenden Last zur Welt, als der Überlegene geboren zu sein. Sie werden – so Schaef – in die Mythen einer weißen männlichen Gesellschaft hineingeboren und von diesen geprägt: sie sind immer überlegen; sie wissen und verstehen alles; sie können durchgehend logisch und rational sein; ihre Realität ist die einzige, die existiert, und sie sind ein Ebenbild Gottes, wie ein Gesellschaftssystem ihn sich vorstellt, das auf den Werten von weißen Männern beruht.[1]

Frauen arbeiten sich zu Tode, um die innere Leere zu füllen, die auf ihrem Gefühl von Unzulänglichkeit beruht. Männer arbeiten sich zu Tode, um das Erbe dieser Mythen zu erfüllen, die ausschließlich für sie gelten.

All diese Mythen können nur in Zusammenhang mit der Arbeitssucht aufrechterhalten werden, und der Glaube an diese Mythen entfremdet Männer sich selbst und führt sie in die Sucht. Frauen sagen: »Ich bin nicht gut genug, also muß ich *tun und machen*, um zu beweisen, daß ich es bin.« Männer sagen: »Ich muß das Erbe meiner Überlegenheit erhalten, indem ich dies alles tue. Man erwartet das von mir.«

Die gesellschaftlichen Mythen, nach denen Männer leben, rufen ein enormes Bedürfnis nach Kontrolle und Perfektion hervor. Klaus, ein Sozialarbeiter in einer Behörde für straffällig gewordene Kinder, versank in der Arbeitssucht, weil er glaubte, für seine Mitarbeiter ein Vorbild sein zu müssen. Er machte Supervision und hatte das Gefühl, ein gutes Beispiel bieten und in jeder Hinsicht perfekt sein zu müssen. Er akzeptierte den Mythos von der angeborenen Überlegenheit in zweifacher Hinsicht: als Mann und als Vorgesetzter. Er versuchte sich dermaßen unter Kontrolle zu halten, daß er über jede Kritik erhaben war. Sein Perfektionismus erstreckte sich sowohl auf nach außen hin sichtbare als auch auf unsichtbare Aktivitäten. Er entwickelte einen dermaßen ausgeprägten Perfektionismus in bezug auf die Form seiner Briefe, daß er sie so oft schrieb, bis sie über jeden Tadel erhaben waren.

Für Klaus ging es nicht um mangelnde Selbstachtung, sondern darum, den Erwartungen zu entsprechen, die er an sich als Vorgesetzten stellte und akzeptierte. Weil er sie guthieß, mußte er zwanghaft alles kontrollieren und ständig arbeiten, denn häufig entsprach er den Anforderungen nicht, die er selbst an seine ›Überlegenheit‹ stellte.

Dieter ist ein weiteres klassisches Beispiel für ein Männerleben nach dem Mythos, es sei möglich, alles zu wissen und zu verstehen und durchgängig logisch und rational zu sein. Bei Dieter führt die Arbeitssucht nicht dazu, daß er exzessiv arbeitet, sondern zu einem völlig zwanghaften Arbeits*stil*.

Dieter arbeitet beim Amt für Ökologie als Ingenieur, der für die Überprüfung der Wasserqualität zuständig ist. Seine Aufgabe beinhaltet auch Studien über die Auswirkung der Umweltverschmutzung auf Fische und andere wildlebende Tiere und Pflanzen. Sechzig Prozent von Dieters Arbeit besteht in der Zusammenarbeit mit einem Team von anderen Ingenieuren. Das Team reicht dem Amt Empfehlungen für politische Entscheidungen ein, die auf der Grundlage seiner wissenschaftlichen Untersuchungen beruhen. Leider ist die Wissenschaft als Disziplin gar nicht immer so exakt. So zeigen Untersuchungen zum Beispiel, daß Fische sterben, wenn bestimmte Chemikalien in den Fluß gelangen. Man gibt diese Chemikalien in den Fluß, die Fische sterben nicht, und Dieters Abteilung weiß keine Gründe dafür. Vorfälle dieser Art machen Dieter ganz verrückt, denn erstens wird von der Wissenschaft erwartet, daß sie exakte Aussagen macht, und zweitens sollte es auf alles eine Antwort geben.

Dieter denkt über diese rätselhaften Fälle ständig nach und hat die Gabe, einfache Dinge kompliziert zu machen. Sein Denken macht Überstunden. Um sicher zu gehen, weist er seine Leute an, die gleichen Untersuchungen ständig zu wiederholen. Dieter glaubt, daß es »irgendwo da draußen« eine Antwort gibt, die er finden muß. Und wenn er schließlich die richtige Antwort findet, ist damit bewiesen, daß er auch selbst richtig liegt. Leider sind seine Bemühungen in 50 Prozent aller Fälle erfolgreich, und das reicht aus, ihn in dem Glauben zu bestärken, daß sein exzessives Nachdenken über diese Probleme sich auszahlt.

Es ist extrem schwer, mit ihm zusammenzuarbeiten, und zu Hause verhält er sich noch schlimmer. Seinen Kindern gegenüber ist er der reinste Tyrann. Er muß ständig wissen, was sie tun. »Wohin gehst du?« »Raus.« »Was machst du da?« »Nichts.« – Diese Antworten akzeptiert er nicht. Er besteht darauf, daß seine Kinder auf alle Fragen Antworten, für alles, was sie tun, Gründe haben und daß alles einen Sinn ergibt.

Um sich zu schützen, geht Dieters Familie ihm aus dem Weg, enthält ihm Dinge vor, die zu Verhören führen könnten, oder erfindet Antworten, die – wie sie weiß – ihn zufriedenstellen.

Dieter hat entsetzliche Angst davor, seine Unsicherheit zu spüren. Gäbe es nicht den Mythos, man könne alles wissen und verstehen, wäre er wie andere auch – menschlich und nicht immer und in allem überlegen.

Mir sind nur wenige Männer begegnet, deren Identität nicht an den sozialen Druck gebunden ist, der ›Brötchenverdiener‹ sein zu müssen. Selbst Jungen in der Grundschule erzählen mir, daß sie später als Erwachsene eine gute Stelle brauchen, um eine Familie ernähren zu können. Nur wenige Männer haben das Gefühl, daß ihnen die Entscheidung freisteht, nicht zu arbeiten. Ihre bloße Identität als Mann ist gebunden an die Arbeit, die oft nicht nur dazu dient, den eigenen Lebensunterhalt zu verdienen, sondern auch noch andere zu ernähren.

Schaef hat beobachtet, daß Frauen in unserer Gesellschaft von Männern als Sexobjekt betrachtet werden, während Männer von Frauen als Heiratsobjekte gesehen werden. »Schau zu, daß du einen abkriegst – und dann hast du dein Leben lang finanziell und emotional ausgesorgt.« Auch wenn diese Haltung eindeutig ein Mythos ist, stirbt sie nur langsam.

Kürzlich teilte mir ein junger Mann mit, er überlege, eine Frau zu heiraten, die er getroffen hatte. Er fügte hinzu, daß das Geld knapp werden würde, weil er es übernehmen würde, nach der Heirat für seine junge Frau die Rückzahlung eines Schulstipendiums zu übernehmen. Als ich nachfragte (die Frau arbeitete als Angestellte und schließlich war es ihr Darlehn), sagte er, das Darlehn sei für ihn zwar eine Bürde, aber er glaube, als Ehemann sei es seine Pflicht, es zu übernehmen. Also würde er die Schulden auf sich nehmen, obgleich seine zukünftige Frau durchaus in der Lage war, sie selbst zurückzuzahlen.

Ich glaube, diese Art zu denken ist sowohl bei Männern als auch bei Frauen immer noch sehr verbreitet. Welche Frau würde bei all diesen Vorteilen nicht einen Mann heiraten wollen?

Selbst vor der Ehe spürt dieser junge Mann eine Last auf sich zukommen, die gar nicht seine ist, die er aber bereitwillig annimmt. Das wird er, wie die Mehrzahl der Männer, auch sein ganzes Leben lang tun, und das alles im Dienste der Vorstellungen von männlicher Überlegenheit. Diese Konditionierung, ›ein guter Junge‹ zu sein, haben Männer von Kindesbeinen an übernommen. Frauen sind nicht die einzigen, die ihre persönlichen Bedürfnisse beiseite stellen, um anderen zu dienen. Auch Jungen lernen diese

Form von Selbstaufopferung, wie Stefans Geschichte deutlich macht.

»Mein ganzes Leben lang habe ich zu hören bekommen, ›Sei ein guter Junge‹«, erzählte er. »Und ich schaute mich um und sah, daß ein ›guter Junge‹ sich nicht beklagt, nicht weint, immer das Richtige tut, seine Eltern stolz auf sich macht und die Regeln befolgt.«

Also war Stefan ein guter Junge. Er heiratete, hatte eine große Familie und arbeitete als Übersetzer in einem Verlag. Er glaubte, das ›Richtige‹ sei, schwer zu arbeiten, um seine Familie zu ernähren. Als seine Frau eine Affäre mit einem seiner Freunde anfing, versucht er, verständnisvoll zu sein. Da seine Regel lautete, nicht zu weinen, wurde er seinen eigenen Gefühlen immer mehr entfremdet, und so versuchte Stefan, vernünftig zu sein. Diese Art von ›Vernunft‹ führte bei ihm schließlich zu Depressionen. Weil Stefan so viele Jahre nach den Regeln des ›guten Jungen‹ gelebt hatte, machte er keinerlei Erfahrungen mit seinen inneren Bedürfnissen. Als seine Ehe wackeliger wurde, arbeitete er noch mehr in seinem Beruf. Das war ihm vertraut und dämpfte sein Entsetzen darüber, daß in seiner Familie etwas Schlimmes passierte. Stefan erfuhr, daß es nicht unbedingt glücklich macht, wenn man die Spielregeln befolgt und ein ›guter Junge‹ ist.

Mit Hilfe einer Selbsthilfegruppe begann er zu sehen, daß die Botschaft vom ›guten Jungen‹, die er durch sein exzessives Arbeiten befolgte, eine totale Entfremdung von seinen eigenen Bedürfnissen bewirkt hatte. Er arbeitete systematisch weniger und nahm sich Zeit, allein zu sein, um zu sehen, ob er nicht eine Ahnung von seinen Gefühlen bekommen konnte. Langsam kam er in Berührung mit dem Schmerz, den er darüber empfand, daß er seine eigene innere Entwicklung ignoriert und nach den Regeln seiner Eltern gelebt hatte. Weil Stefan bereits sechzig war, als er zu diesen Einsichten kam, hatte er das Gefühl, viele verlorene Jahre betrauern zu müssen.

Als Stefan weniger arbeitete und anfing, seinen eigenen Entwicklungsprozeß zu leben, statt Mythen zu folgen, begann seine Frau wieder mehr Interesse an ihm zu zeigen. Sie hatte sich bitter darüber beklagt, daß er weder körperlich noch emotional für sie da gewesen war. Ihre Beschwerde war richtig. Stefans Arbeitssucht entriß ihn sämtlichen persönlichen Beziehungen; sein Mythos vom ›guten Jungen‹ war eine Maske. Sie lebte als Frau nicht mit einem Mann zusammen, der tatsächlich anwesend war und auf den sie sich beziehen konnte.

Frauen überarbeiten sich, um anderen zu gefallen und deren Bedürfnisse zu erfüllen; Männer überarbeiten sich, um äußeren Erwartungen zu entsprechen. Dabei sind beide für sich selbst und ihre Lieben immer weniger da.

Der letzte Mythos des weißen, männlichen Systems lautet: »Es ist möglich, ein Ebenbild Gottes zu sein, wie das System ihn versteht.« Dies ist der Gott mit der Vorsilbe ›all‹ – allgegenwärtig, allmächtig, allsehend, alles kontrollierend. Ich glaube, dieser Mythos spielt bei der Arbeitssucht von Männern eine vorherrschende Rolle. Man trifft besonders dort auf ihn, wo Männer sich für ›gottähnliche‹ Berufe entscheiden wie Arzt, Richter, Geistlicher oder andere Tätigkeiten, bei denen andere Menschen ihnen ihr Leben anvertrauen. Immer wenn Männer sich als die Alleinverantwortlichen betrachten, agieren sie auf dem Hintergrund der Illusion von der eigenen Gottherrlichkeit. Häufig treiben Arbeitssüchtige sich körperlich dermaßen an, daß ihr Körper versagt. Für den Workaholic, der von der eigenen Gottherrlichkeit überzeugt ist, kommt der körperliche Zusammenbruch überraschend.

Arbeitssüchtige, die daran glauben, Gott gleich zu sein, schwanken oft zwischen zwei Extremen: Sie sehen sich als Gott oder als Bettler. Sie haben entsetzliche Angst davor, daß äußerste Armut auf sie wartet, wenn sie auch nur einen Augenblick lang nachlassen.

Alexander gehörte zu den Ärzten, die sich selbst nicht heilen können. Er hatte schon früh mit Co-Abhängigkeit und Arbeitssucht zu tun, und zwar durch eindeutige entsprechende Botschaften, die er im Verlaufe seiner Konditionierung erhielt. Er fühlte sich verantwortlich für die Heilung seiner Patienten, und in seiner Assistentenzeit galt die achtzig- bis neunzig-Stunden-Woche als Norm – was für medizinische Berufe durchaus üblich ist.

Weil Alexander glaubte, für alle Menschen alles sein zu müssen, übernahm er Verantwortung für sämtliche Bereiche seiner Praxis. Bald mußte er feststellen, daß er immer mehr Arbeitsstunden mit der Verwaltung seines Büros, Buchführung, Rechtsfragen und selbst Bestellungen verbrachte, obwohl er den Arztberuf liebte. Alexanders Intelligenz und sein rasches Denkvermögen erwiesen sich als Hindernisse, weil er jede Arbeit, die in der Klinik anfiel, besser erledigen konnte als seine eigenen Mitarbeiter. Wenn diese also Fehler machten, deckte Alexander sie, nur um gleich darauf ärgerlich zu sein und ihnen Vorwürfe zu machen, weil sie ihn im Stich ließen. Er sagte, er wünsche sich sehr, daß sein Team Verantwortung übernähme, und glaubte, er würde Aufgaben delegieren. In Wirklichkeit jedoch fühlten seine Mitarbeiter sich ständig beobachtet und hatten entsetzliche Angst, Fehler zu machen. In ihrer Anspannung machten sie noch mehr Fehler, und die Situation in der Klinik verschlechterte sich zunehmend. In der Zusammenarbeit mit Alexander konnten die Mitarbeiter keine Grenzen setzen. Wenn er von sieben Uhr morgens bis sieben Uhr abends arbeitete, erwartete er von ihnen das gleiche. Als Alexanders Arbeitssucht auf ihr Leben übergriff, begannen die Mitglieder des Teams sich zurückzuziehen, um sich zu schützen.

Alexander war über den mangelnden Einsatz seiner Belegschaft bitter enttäuscht, und er war dermaßen perfektionistisch, daß er einen gelungenen Arbeitstag danach beurteilte, ob jemand ›Mist gebaut‹ hatte. Wenn auch nur ein Fehler begangen worden war, konzentrierte er sich auf diesen und betrachtete ihn als persönlichen Angriff auf sich und seinen Ruf als Arzt. Er gehörte zu den Menschen, die das Glas immer als halb leer, statt als halb voll betrachten.

Seine Frau und mehrere Kollegen äußerten sich besorgt über ihn. Sie fürchteten um sein Wohlergehen und auch um das seiner Patienten. Die Patientenversorgung war das Gebiet, das Alexander völlig unter Kontrolle hatte. Bislang war er darin erfolgreich, aber Freunde befürchteten, daß dieses Gebiet als nächstes an die Reihe käme. Leider war Alexanders überragende Intelligenz auch sein größtes Hindernis. Er war in so vieler Hinsicht klug und begabt, daß er einfach noch härter arbeitete, wenn um ihn herum alles zusammenbrach. Götter machen alles selbst; Menschen dagegen bitten um Hilfe.

Alexanders Illusion von der eigenen Gottherrlichkeit wurde an dem Tag auf dramatische Weise zerstört, als er eine schwere Herzattacke erlitt. Er war 41 Jahre alt und hatte drei Jahre lang ohne Pause jede Woche 110 Stunden gearbeitet. Er brauchte drei Monate, um sich wieder zu erholen. Seine Mitarbeiter fanden andere Stellen, und seine Patienten suchten andere Ärzte auf. Genau die Qualitäten, die Alexander geholfen hatten, die Medizinerausbildung durchzustehen – seine Intelligenz und seine Fähigkeit, viele Stunden zu arbeiten – brachten ihn jetzt um.

Es ist wichtig, bei dieser Geschichte zu sehen, daß sich der Berufsstand der Mediziner mit Alexanders Sucht gut vertrug. Hier wurde er darauf hin getrimmt, gottgleich zu sein, denn die Ausbildung für Ärzte beinhaltet unmenschliche Erwartungen. So traf Alexander im Verlauf seiner körperlichen Gesundung und seiner Genesung von der Sucht auch auf wenig Verständnis bei anderen Ärzten. Sie betrachteten ihn als armen Kerl, der mit den Anforderungen seines Berufs einfach nicht zurechtkam.

Die Mediziner gestehen nur zögernd ein, daß es unter ihnen viele suchtkranke Ärzte gibt (einer Untersuchung von 1989 zufolge, wird geschätzt, daß es jeder achte sei). Die größte Sorge gilt dabei dem körperlich kranken Arzt, der Drogen und Alkohol zu sich nimmt. »Ob ich arbeitssüchtig bin?« lachte ein Arzt, den ich befragte. »Wenn der ganze Berufsstand arbeitssüchtig ist, wie kann das dann eine Krankheit sein?«

Ich glaube kaum, daß Berufsstände wie der der Mediziner die Zerstörungskraft der Arbeitssucht bereitwillig einsehen werden. Damit würden ja gerade die Voraussetzungen untergraben, auf denen dieser Beruf beruht – der Mythos von der weißen, männlichen Gottherrlichkeit.

Die Männer in meinem Leben und in meiner Praxis als Beraterin haben mir sehr viel über Arbeitssucht beigebracht. Ich hatte aufgrund meiner eigenen Erfahrungen und der Berichte von anderen

Frauen immer den Eindruck, daß Frauen sich von Geburt an als Menschen zweiter Klasse fühlen. Wir glauben, nicht alles erreichen zu können, weil uns etwas fehlt. Deswegen erhoffen wir uns häufig von Beziehungen und von der Arbeit, daß sie uns vervollständigen. Diese Einstellung ist eine Falle und führt meistens zur Sucht – entweder zu Suchtbeziehungen, zu Eßsucht oder dazu, daß wir soviel arbeiten, bis wir nichts mehr fühlen.

Männer hingegen tragen die Last der Mythen des weißen, männlichen Systems mit sich herum, nach denen sie zu leben versuchen. Sie betrachten sich von Geburt an als kleine Götter und versuchen ständig, diesem unmöglichen Geburtsrecht zu genügen. Das Ungleichgewicht zwischen den gesellschaftlichen Erwartungen an Männer und derem eigenen Erleben ist eine Bürde und eine Strapaze. Diejenigen unter ihnen, die diese Diskrepanz ins Auge fassen, können sich neu kennenlernen und ihr Leben in ein gewisses Gleichgewicht bringen. Für die Männer, die ihren Kummer nicht mit anderen Süchten betäuben, ist die Arbeitssucht innerhalb des weißen, männlichen Systems lediglich eine akzeptiertere Form von Sucht.

Ich habe mich oft gefragt, wie unsere Gesellschaft aussehen würde, wenn Männer den Mythos von ihrer angeborenen Überlegenheit ablehnen und von ihrer Arbeitssucht genesen würden. Ich glaube, wir könnten dann in dieser Gesellschaft unser Konkurrenz- und Kontrollverhalten nicht fortsetzen. Und außerdem würden Männer ihr wahres Geburtsrecht entdecken: Das Recht darauf, in jeder Hinsicht menschlich zu sein, und sich so, wie sie sind, in dieser Welt völlig zu Hause zu fühlen.

7 Familie
und Arbeitssucht

Die Suchtbehandlung machte einen großen Schritt nach vorn, als sie sich nicht mehr allein auf das süchtige Individuum, sondern auf den suchtkranken Menschen im Rahmen eines Systems konzentrierte – nämlich des Systems Familie. Das war ein radikales Umdenken, weil sich damit ein ganzes Fachgebiet vom individuellen Krankheitskonzept zum Denken in Systemen bewegte: Außer dem Süchtigen zu helfen, schenkte man auch der Familie Aufmerksamkeit, da sie ebenfalls in großen Schwierigkeiten steckte.

In den frühen Stadien dieses Umdenkens glaubte man, daß die Familienmitglieder den genesenden Süchtigen durch ihre Mitbeteiligung unterstützen könnten. Bei dieser Sichtweise war der Süchtige weiterhin das Problem, und die Familie galt als das Opfer. Allmählich wurde jedoch offensichtlich, daß die Familienmitglieder selbst suchtkrank oder co-abhängig waren. Sie litten unter einer eigenen Krankheit und hatten mit Sicherheit einen eigenständigen Suchtverlauf. Als Familienangehörige anfingen, sich auf sich selbst und ihre eigene Genesung zu konzentrieren statt auf den Süchtigen in ihrem Leben, begannen auch sie gesund zu werden.

Arbeitssucht ist für die Familie ein Leiden, das gespickt ist mit Fallen. Als erstes und vor allem ist sie eine verwirrende Sucht. Der typische Suchtkranke nimmt Drogen oder trinkt Alkohol, und die Familienmitglieder haben den lebenden Beweis vor sich, daß sich der von ihnen geliebte Mensch in Schwierigkeiten befindet. Sie schämen sich für das Verhalten eines betrunkenen Elternteils. Kinder und Ehepartner errichten um den Süchtigen herum meistens eine dicke Mauer der Verleugnung, reagieren mit dieser Verleugnung jedoch auf Ereignisse, die ihrer Meinung nach aus dem Rahmen fallen.

Die Familie des oder der Arbeitssüchtigen hat häufig das Gefühl, verrückt zu sein. In den frühen Stadien der Krankheit ist es fast unmöglich, das Problem festzumachen. Außerdem wird die Arbeitssucht – anders als Drogen- und Alkoholsucht – von der Gesellschaft aktiv gefördert. Die Familie ist wahrscheinlich umgeben von Familien, in denen es genauso zugeht, wie bei ihr. »Was ist denn normal?« fragt sie sich und rückt dann ab von ihrer Wahrnehmung, daß ein geliebter Mensch in Schwierigkeiten ist. Und trotzdem leiden die Familien von Arbeitssüchtigen sehr. Sie brauchen ebenso Hilfe wie der Arbeitssüchtige selbst.

In diesem Kapitel werden wir uns in zweifacher Hinsicht auf die Familie konzentrieren. Zunächst beschreiben wir den Workaholic in seiner familiären Umgebung sowie die Auswirkungen, die seine Sucht auf die Familie hat. Und dann betrachten wir die Familienangehörigen als Menschen, deren Sucht dem Arbeitssüchtigen gilt.

Der Arbeitssüchtige in der Familie

Es fällt Arbeitssüchtigen schwer, ihr suchtkrankes Verhalten auf den Beruf zu beschränken. Schließlich sind sie *arbeits*süchtig und nicht *beruf*süchtig. Und deswegen hört die Sucht auch nicht vor ihrer Wohnungstür auf, sondern begleitet sie überall hin.

Dem Arbeitssüchtigen fehlen angemessene Grenzen. Deswegen weitet sich der arbeitssüchtige Prozeß auf alles aus und macht keinen Unterschied zwischen Arbeitsplatz und eigenem Zuhause. Arbeitssüchtige nehmen Arbeit mit ins Bett, bringen sie an den Wochenenden mit nach Hause und arbeiten auch im Urlaub. Der Arbeitssüchtige ist niemals ohne Arbeit, denn die Arbeit ist sein ›Schuß‹.

Ferien sind für die Familien von Arbeitssüchtigen besonders anstrengend. Zunächst einmal ist es schwierig, Arbeitssüchtige zu einem Urlaub zu überreden, weil sie ja niemals wissen, was innerhalb des nächsten halben Jahres in der Arbeit passieren könnte. Stimmen Arbeitssüchtige dann einem Urlaub zu, kann es sein, daß sie in den Ferien für ihre Familie emotional überhaupt nicht da sind, weil sie Arbeit mitnehmen. Viele Kinder von Arbeitssüchtigen erzählen, daß die Eltern in den Ferien ein einziger Wirbelwind an Aktivität sind, denn sie machen genauso Urlaub, wie sie arbeiten.

Ein Junge erzählte mir von einer Reise nach Hawaii, bei der sein Vater ihn im Morgengrauen weckte, um mit ihm am Strand zu joggen. Als nächstes stand Frühstück auf dem Plan. Dann eine Bootsfahrt an der Küste entlang. Das Mittagessen wurde im Vorübergehen erledigt. Dann schnell zum Strand, solange die Brandung hoch war, mit den Surfbrettern zurückhetzen zum Surfbrettverleih, auf dem Weg zurück ins Hotel schnell einen Imbiß verschlingen, duschen, im Wahnsinnstempo die Straße bis zum Strand fahren, um den Sonnenuntergang über dem Meer anzuschauen, Verabredung mit Freunden zum Abendessen und dann erschöpft ins Bett fallen.

So glich ein Urlaubstag dem anderen, bis der Junge sich einen freien Tag wünschte und schließlich forderte, an dem er tun konnte, was ihm gefiel. Er wollte herumliegen und lesen und Videos anschauen, vielleicht auch durch die Stadt bummeln. Sein Vater, der den Urlaub als Chance betrachtete, mit seinem Sohn etwas ›Sinnvolles‹ zu unternehmen, murrte und rannte im Hotelzimmer auf und ab. Nachdem er seinem Sohn ein paarmal milde gedroht hatte, er würde sich selbst den Spaß nehmen, machte der Vater sich schließlich auf den Weg, einen Wasserfall zu besichtigen.

Den Jungen quälten wegen dieses Urlaubs große Schuldgefühle. Er vermißte den Kontakt zu seinem Vater und sehnte sich danach, Zeit mit ihm zusammen zu verbringen. Er war verwirrt und fühlte sich hin- und hergerissen. Er tat wunderbare Dinge und verbrachte mehr Zeit mit seinem Vater, als er sich jemals hätte träumen lassen. Und trotzdem verspürte er am Ende der Reise zu seinem Vater mehr Abstand als vor diesem Urlaub.

Der Vater des Jungen war emotional abwesend. Er hatte zwar keine Arbeit mit auf die Reise genommen, aber seine arbeitssüchtige Hetze auf die Freizeitaktivitäten übertragen. Der Junge war so isoliert, als hätte der Vater ihn im Hotel gelassen und sei weggegangen; nur war die Situation verwirrender, weil ja der Vater körperlich anwesend, aber als Person nicht ansprechbar war.

Arbeitssüchtige sind für ihre Lieben einfach nicht da. Sie neigen aufgrund ihrer Krankheit zum Egoismus, aber das Leiden ist so raffiniert, daß sie den äußeren Ablauf von Beziehungen einhalten können. Sind die Familienmitglieder wachsam – was nicht immer der Fall ist –, dann wissen sie, daß die Beziehung im besten Falle oberflächlich ist und im schlimmsten Falle überhaupt nicht existiert.

Trotzdem leben nicht alle Arbeitssüchtigen total auf Distanz zu ihren Lieben. Wenn Arbeitssüchtige präsent sind, dann können sie sich anderen sehr intensiv zuwenden. Sie können großartige Geliebte sein, wenn sie bewußt da sind. Ihre Unbeständigkeit ist es, die einen so verrückt macht. Gelegentlich kommt der Arbeitssüchtige pünktlich nach Hause, aber die Familie weiß nie, wann das sein wird. Spricht man ihn auf sein Verhalten an, kann der Süchtige diese Gelegenheiten anführen, um seine Sucht zu verteidigen und zu leugnen.

Ich glaube, daß der verheerendste Aspekt dieser Krankheit für Familien der Mangel an realer emotionaler Verbundenheit ist. Familien mit Arbeitssüchtigen ähneln Familien, die den Tod eines geliebten Angehörigen erlitten haben. Man kann beobachten, wie sie die entsprechenden Phasen durchmachen: Verleugnung (»Das passiert uns doch nicht.«), Feilschen (»Wenn ich das und das tue, hast du dann Zeit für mich?«), Ärger (»Ich bin total wütend, weil du mich verlassen hast.«) und Aufgeben (»So ist es nun einmal. Am besten, ich gewöhne mich daran.«). Das einzige Problem ist, daß der geliebte Mensch noch herumspaziert und uns ständig daran erinnert, wie es sein könnte.

Arbeitssüchtige haben Hobbies, aber diese bedeuten für sie selten Spaß und Spiel. Hobbies werden in geschäftsträchtige Unternehmen umgewandelt und so zur Quelle von Sorgen, Terminen und neuer Arbeit. Ein junger Mann erzählte mir von seinem Vater, der als Arzt arbeitete und anfing, sich für geräucherten Lachs zu interessieren. Er war handwerklich sehr geschickt, also baute er als erstes einen Räucherschuppen. Dann stellte er die Kinder an, ihm beim Lachsangeln zu helfen. Da der Schuppen ziemlich groß war, beschloß er, soviel Fisch zu räuchern, daß er seinen Nachbarn welchen schenken konnte. Dieses Projekt entwickelte sich schließlich zu einem Straßenstand, für den er noch mehr Fisch brauchte, noch mehr Zeit im Räucherschuppen verbringen mußte und auch der Familie mehr Zeit abverlangte, damit sie sich an der Arbeit beteiligte.

»Das Komische daran war«, sagte der junge Mann, »daß wir das Geld gar nicht brauchten. Mein Vater verdiente als Arzt genug. Meine Familie mochte Lachs gar nicht so gerne. Das ganze war einfach ein Jux meines Vaters, in den wir alle mit hineingezogen wurden.«

Dieser Vater war für seine Familie selten da, weil er in seiner Praxis soviel zu tun hatte. Jetzt wurde die ganze Freizeit in das Lachsunternehmen gesteckt. Für die Familie wurde es zur Quelle von Ärger und Groll, für den Vater hingegen zur Möglichkeit, sich jede ›freie‹ Minute beschäftigt zu halten.

Manchmal fühlen sich Arbeitssüchtige gereizt durch Familienmitglieder, für die die Arbeit nicht an erster Stelle steht. Arbeitssüchtige Eltern können in der Familie ein Klima schaffen, in dem unaufhörliche Geschäftigkeit belohnt wird, in die Luft starren, träumen und herumspielen dagegen nicht geschätzt werden. Fast sämtliche erwachsene Kinder, die in der zweiten Generation arbeitssüchtig sind, haben ihre Arbeitssucht entweder von ihrer Familie übernommen oder stammen aus Familien mit anderen Suchtkrankheiten. Typisch für diese Familien ist, daß Geschäftigkeit und Arbeit zum Ersatz für Gefühle werden.

Eine Geschichte über Arbeitssucht in mehreren Generationen ein und derselben Familie teilte mir Anne mit, eine Frau, die ihr ganzes Leben schnellspurig gelebt hatte. Ihre Großväter waren Abenteurer und Pionierunternehmer gewesen. Ihr Vater war nie zu Hause, und auch bei der Geburt seiner Kinder war er nicht anwesend gewesen. Er konnte nicht warten. Anne schätzte ihre Mutter nicht, denn zärtliche Zuwendung erhielt sie nur vom Vater, der sie lobte für das, was sie tat. Sie spielte Tennis, lief Ski, sang im Kirchenchor, arbeitete als ehrenamtliche Helferin und in einem regulären Beruf.

Sämtliche Entscheidungen in Annes Leben wurden von der Arbeit diktiert. Sie zog wegen ihrer Arbeit in Städte, die sie haßte. Sie dachte nie daran, irgendwo zu bleiben, weil ihr der Ort gefiel. Soziale Kontakte suchte sie bei Menschen, die mit ihrer Arbeit zu tun hatten. Sie hatte kein geselliges Privatleben. Als sie einmal längere Zeit depressiv war, weil sie mit Männern einfach keine enge Beziehung schließen konnte, gestand sie einem Kollegen ihre Traurigkeit ein. Er schoß zurück: »Wie sollten Sie denn auch außer dem Hausmeister irgend jemanden treffen?«

Anne fuhr fort zu arbeiten. Sie fing bei einer großen Firma an und war optimistisch, ihr Leben wieder in Ordnung bringen zu können, aber in Wirklichkeit brach ihre Welt zusammen. Um den Anforderungen nachzukommen, die ihr Chef an sie stellte, mußte sie achtzig Stunden in der Woche arbeiten. Er forderte sie auf, sich schriftlich zu verpflichten, die Ziele zu erreichen, die er für sie aufgestellt hatte, und sie wußte, sie war erledigt. »Ich hatte keinerlei Unterstützung von außen. Keinen fürsorglichen Menschen, an den ich mich wenden konnte. Ich hatte mich zum Skelett heruntergearbeitet, und meine Reserven waren verbraucht. An die Werte der Firma glaubte ich nicht. Ich war emotional völlig fertig. Ich konnte nicht die Person sein, die ich für sie sein sollte.«

Anne hörte ganz auf zu arbeiten, entledigte sich sämtlicher sozialer Pflichten und nahm sich Zeit zu entdecken, wer sie war und was sie mit ihrem Leben anfangen wollte. Während dieser Zeit wurde ihr die Generationsverbindung zu ihrem arbeitssüchtigen Vater schmerzlich bewußt. Ihr Vater war deswegen der eine Mensch in der Familie, auf den sie sich beziehen konnte, weil sie miteinander über die Arbeit sprachen. Jetzt versuchte sie, das Arbeiten aufzugeben – und damit das einzige, was sie konkret miteinander verband. Als sie sich mit ihm traf, um ihm die neuen Entwicklungen in ihrem Leben mitzuteilen, schwieg er. Jetzt, wo sie nicht mehr arbeitete, gab es nichts, was er sie hätte fragen können. Als Anne bei ihrem Vater nachhakte, lautete seine einzige Antwort: »Nun, was gibt es denn außer der Arbeit sonst noch?«

Anne hat viele Erinnerungen an ihren Vater, aber am meisten schätzt sie das Erlebnis, als sie mit ihm eine verlassene Landstraße entlang fuhr und das Auto liegenblieb. Weit entfernt von jeder Hilfe, mußten sie mehrere Stunden lang auf den Abschleppdienst warten. »Das war die schönste Zeit«, sagte sie. »Er war sonst ständig am Machen und Tun, und jetzt waren wir gezwungen zu warten. Und da tat er etwas, was er bislang nie getan hatte: Er setzte sich auf den Vordersitz, blickte aus dem Autofenster, schaute mich an, und wir unterhielten uns einfach.«

Achten Sie auf die ständig wiederkehrenden Themen in diesen Geschichten. Die Wünsche sind so einfach. Kinder möchten einfach ein bißchen Zeit mit ihren Eltern verbringen. Sie möchten *mit* jemandem *sein*, den sie lieben und dem sie vertrauen. Sie möchten nicht unbedingt etwas von den Eltern und brauchen offensichtlich keine bestimmten Aktivitäten; sie haben einfach das Bedürfnis, mit ihnen zusammenzusein. Aber für Arbeitssüchtige ist es unmöglich, mit jemandem zusammenzusein. Da sie nicht imstande sind, es mit sich selbst auszuhalten, können sie noch weniger mit anderen sein. Selbst wenn sie sich große Mühe geben, können sie nur dem folgen, was sie am besten kennen – ihrer Sucht.

Es steht außer Frage, daß Arbeitssucht Familien zerstört. Kinder und Lebensgefährten von Arbeitssüchtigen finden sich damit ab, daß sie Verabredungen treffen müssen, um mit ihnen zusammensein zu können. Bei uns taucht jetzt überall der Ausdruck ›sinnvoll verbrachte Zeit‹ auf, den Arbeitssüchtige als Rationalisierung dafür gebrauchen, daß sie wenig Zeit haben oder ständig beschäftigt sind. Die Zeitschrift *Time* brachte eine Titelgeschichte, in der es darum ging, daß ganz Amerika sich fertigmacht. Die Schlußfolgerung? »Kinder bekommen mit, daß sie um ihre Kindheit betrogen werden. Achtjährige passen auf Dreijährige auf. Sie haben das Gefühl, daß die Erwachsenen sich nicht um sie kümmern.«[1]

Kinder bekommen immer häufiger einen Terminplan vorgesetzt und werden von ihren Eltern zu diversen Aktivitäten angetrieben, damit diese ungestört ihrer eigenen Arbeitssucht nachgehen können. Die Folge ist eine ganze Generation von arbeitssüchtigen Kindern.

Die Krankheit des Arbeitssüchtigen erfaßt jeden Winkel des Familienlebens – Mahlzeiten, Urlaub, Freizeit und Alltagsleben. Es kann sein, daß die Familie über die Krankheit des Arbeitssüchtigen hinweggeht und mit allen Mitteln versucht, sich selbst zu schützen, wenn die Sucht fortschreitet. Vielleicht werden die anderen Familienmitglieder aber auch selbst arbeitssüchtig oder geben ganz auf.

Die Familie im Suchtprozeß

Arbeitssüchtige existieren innerhalb eines Systems. Wenn dieses System die Familie ist, werden die einzelnen Familienmitglieder solange in die gestörte Welt des Arbeitssüchtigen mit verwickelt, wie sie selbst nicht aktiv mit ihrer Heilung beginnen. Es ist eine Realität, daß das gestörte System von Arbeitssüchtigen auch deswegen weiter existiert, weil es von den Familienangehörigen unterstützt wird. Diese Unterstützung kann zum Beispiel so aussehen, daß sie verleugnen, wie verrückt ihr Vater, ihre Mutter, ihr Partner oder ihre Partnerin wird. Oder sie vertuschen, welche Auswirkungen die Arbeitssucht tatsächlich auf sie hat. Vielleicht widmen sie dem arbeitssüchtigen Menschen auch ihre ganze Zeit, indem sie sich auf ihn konzentrieren und ihm Vorwürfe machen, statt sich mit den eigenen Bedürfnissen auseinanderzusetzen.

Manchmal sind Kinder zu klein und hilflos, um ihre Bedürfnisse geltend zu machen. In Familien mit alleinstehenden Müttern oder Vätern sind Achtjährige zum Beispiel kaum in der Lage zu verhindern, daß der arbeitssüchtige Elternteil sie negativ beeinflußt. Diese Kinder entwickeln bestimmte Überlebensstrategien, die zum Beispiel so aussehen, daß sie ihre Gefühle unterdrücken, für Geschwister die Elternrolle übernehmen und sehr schnell erwachsen werden. Sie bilden die nächste Generation von erwachsen Kindern aus suchtkranken, gestörten Familien.

Wie an den oben aufgeführten Beispielen deutlich wurde, ziehen arbeitssüchtige Eltern Kinder groß, die versuchen der Sucht zu begegnen, indem sie selbst arbeitssüchtig werden. Lehrerinnen und Lehrer sowie andere Menschen, die mit Kindern arbeiten, äußern sich zunehmend alarmiert angesichts der hektischen und durchgeplanten Aktivitäten, die sie bei den Jüngeren heutzutage beobachten. Vom Kindergarten bis zur höheren Schule werden Kinder angetrieben und in die ›richtige‹ Schule, zu Tanzunterricht, Sprachunterricht, Sport, Computer-Kursen und unzähligen anderen Aktivitäten gedrängt. Sie sind ständig mit irgend etwas beschäftigt. Diese Kinder leben nicht nur in einer arbeitssüchtigen Umgebung, sie *sind* arbeitssüchtig.

Ein weiteres gestörtes Verhalten im Umgang mit der Sucht sieht so aus, daß Familienangehörige zum anderen Extrem übergehen. Statt selbst arbeitssüchtig zu werden, hören einige Kinder und Partner oder Partnerinnen von Arbeitssüchtigen auf, überhaupt etwas zu tun. Sie sind wie gelähmt und unfähig zu irgendwelchen Aktivitäten.

Einige Familien sind sich der Auswirkungen, die das Verhalten des Arbeitssüchtigen auf sie hat, durchaus bewußt und fühlen sich trotzdem hin- und hergerissen. Ihr Konflikt entsteht dadurch, daß der Arbeitssüchtige ihnen soviel Luxus bietet, wie sie ihn sonst nicht hätten. Diese Form des Festhaltens an der Sucht ist typisch für arbeitssüchtige Aufsteigerfamilien.

In einer solchen Familie war der Vater der Arbeitssüchtige. Als leitender Angestellter einer Versicherungsfirma konnte er seiner Familie Jahr für Jahr immer mehr Komfort bieten. Sie lebten sehr gut – ein großes, neues eigenes Haus, ein BMW, die neuesten technischen Geräte und märchenhafte Ferien an exotischen Orten überall auf der Welt. Was nahmen er und seine Familie dafür in Kauf? Neunzig Wochenstunden Arbeit, ausgedehnte Geschäftsreisen, einen erschöpften Vater und Ehemann, der in den seltenen Zeiten, wo er sich zu Hause aufhielt, nicht ansprechbar war.

Ich unterhielt mich mit der Frau dieses Mannes. Sie sagte mir, ihre drei Kinder im Teenageralter würden sehr wohl mitbekommen, was mit ihm passierte. Sie waren ärgerlich und voller Groll über den Verlust ihres Vaters und hatten die Mutter gedrängt, etwas zu unternehmen. Sie schlugen ein Familientreffen mit einem Berater oder eine Sitzung bei einem Therapeuten vor, um ihrer Sorge Ausdruck verleihen zu können – irgend etwas, um die Verrücktheit in ihrer Familie aufzuhalten. Das klang gut, fand ich, und so fragte ich die Frau, was sie zu tun beabsichtige. Sie gab zu, daß sie sich über das pausenlose Arbeiten ihres Mannes auch aufregte und Sorgen machte. Dann sagte sie:

Aber nach alledem, was er für mich und die Kinder getan hat, kann ich ihm das doch nicht vorhalten. Er hat so schwer für uns gearbeitet, um uns unseren Lebensstandard zu ermöglichen. Ich würde ihn niemals kritisieren oder mich bei ihm beklagen. Das würde seine Last nur vergrößern, und ich würde ihm damit in den Rücken fallen.

Diese Frau war total in die Arbeitssucht ihres Mannes verwickelt. Ihre ›Fürsorge‹ für ihn sah so aus, daß sie schwieg angesichts seiner Krankheit, die ihn wahrscheinlich allmählich umbringen würde. Darüber hinaus glaube ich, daß sie von der Sucht ihres Mannes so profitiert hatte, daß sie nicht bereit war, etwas aufzugeben oder zumindest zu verändern. So sieht der Egoismus von Co-Abhängigen aus. Auch wenn es scheint, als würde diese Frau leiden oder sich gestört fühlen, ist sie nicht bereit, ihre Situation und ihr gemeinsames Lebensarrangement zu gefährden und das Boot zum Wanken zu bringen. Und auch wenn sie vorgibt, eine Konfrontation würde ihrem Mann schaden, schützt die Frau in Wirklichkeit sich selbst.

Der Konflikt, den die Familie erlebt, die materiell von der Arbeitssucht profitiert, verläuft in mehreren Phasen. Anfangs finden es alle aufregend, so viele begehrenswerte Dinge anschaffen zu können. Als nächstes kommt es zum Konflikt, weil der Arbeitssüchtige kaum noch ansprechbar und meistens immer häufiger abwesend ist. Dieser Phase folgt Resignation, und man gibt immer mehr Geld aus, um sich für die Vernachlässigung zu entschädigen. »Das haben wir verdient«, argumentiert die Familie.

Das Verhalten von Arbeitssüchtigen beeinträchtigt ihre Familien. Außer durch den Mangel an emotionaler Nähe Schaden anzurichten, macht der arbeitssüchtige Lebensstil auch aus Kindern kleine Workaholics. Auch durch ihr Schweigen und ihren Groll tragen Familien zum Suchtverlauf bei. Manchmal ist es schwer zu glauben, daß ein geliebter Mensch krank ist, weil es Arbeitssüchtigen in den ersten Stadien der Krankheit gut zu gehen scheint. Wenn die Krankheit jedoch fortschreitet, werden sämtliche Familienmitglieder in das Suchtverhalten verwickelt. Folglich ist auch die Genesung kein isoliertes Phänomen, sondern betrifft sowohl die Familie als auch den Arbeitssüchtigen selbst.

8 Der Arbeitssüchtige im Beruf

In unserem Buch *The Addictive Organization* beschreiben Anne Wilson Schaef und ich die Folgen, die es hat, wenn man mit Süchtigen am Arbeitsplatz zusammenarbeitet. Süchtige ›praktizieren‹ ihre Krankheit wo immer sie sind. Sie kann in anderer Umgebung nicht aufgehalten werden. Wer das denkt, verfällt der Illusion, die Sucht unter Kontrolle zu haben. Viele Drogen- oder Alkoholabhängige versuchen, ihrer Sucht während der Arbeitszeit nicht nachzugehen. Natürlich sind sie mit ihrer Unaufrichtigkeit, ihren Manipulationen, ihrer Launenhaftigkeit und ihrer Selbstgerechtigkeit aber weiterhin krank, auch wenn sie am Arbeitsplatz nüchtern zu sein scheinen.

Für den Workaholic ist der Beruf das gleiche, wie für einen Eßsüchtigen eine Schokoladenfabrik. Es ist, als würde ein aktiver Alkoholiker in einer Bar arbeiten gehen. Ganz gleich, ob Ihre Arbeitssucht nun in Form von Arbeiten, Hetzen, Geschäftigkeit oder Sorgen auftritt – der Beruf ist für Sie ein fruchtbarer Boden. Es gibt in rauhen Mengen zu tun, es gibt Abgabetermine, äußere Anweisungen, die verschiedensten Verantwortlichkeiten und andere Menschen, die ähnlichen Tätigkeiten nachgehen. Und außerdem werden Sie dafür auch noch bezahlt. Dies ist die Form von Sucht, die belohnt wird. Viele Menschen verfallen der Illusion, daß Arbeitssüchtige niemandem Schaden zufügen und gut für die Firma sind. Diese Vorstellung wird von den Tatsachen nicht bestätigt. Arbeitssüchtige schaden sich selbst, anderen und ihrer Firma.

Arbeitssüchtige zeigen am Arbeitsplatz mehrere charakteristische Merkmale. Sie bringen in die Arbeit sämtliche Eigenschaften mit, die wir bisher als typisch für das arbeitssüchtige Individuum beschrieben haben. Darüber hinaus haben sie als Arbeitssüchtige im Beruf ihre eigene individuelle Art, die Krankheit auszuleben. Zwanghaftigkeit ist ein primäres Merkmal am Arbeitsplatz. Arbeitssüchtige entwickeln eine zwanghafte Beschäftigung mit einzelnen Arbeitsprojekten und -aufgaben und verlieren dabei das Gesamtbild aus den Augen. Das ist ein sehr störender Zug, vor allem bei Menschen, deren Arbeit verschiedene Bereiche umfaßt und berücksichtigen muß. Sie haben oft das Gefühl, alles stehen und liegen lassen zu müssen, um ihre ganze Aufmerksamkeit einer Sache zu widmen. Das kann ihre Mitarbeiter völlig durcheinander bringen, vor allem, wenn sie darauf angewiesen sind, vom Arbeitssüchtigen bestimmte Informationen zu erhalten.

Ein weiterer Aspekt von Zwanghaftigkeit äußert sich in der Konzentration auf das nächste Projekt, wodurch der augenblicklichen Arbeit Aufmerksamkeit und Energie entzogen werden. Viele Arbeitssüchtige verhalten sich so. Das ist dem Verhalten des Alkoholikers vergleichbar, der an sein nächstes Glas Bier denkt, oder dem des Beziehungssüchtigen, der eine neue Beziehung anfängt, während es mit seiner augenblicklichen Beziehung bergab geht. Der Zwanghafte kann nicht leben, ohne irgend etwas zu tun, also ist er auf einen ständigen Strom an neuen Dingen und Ereignissen angewiesen.

Wie zwanghafte Menschen generell sind auch einige Workaholics süchtig nach Innovationen. Viele Firmen, die neue Produkte entwickeln und patentieren lassen, berichten von diesem Problem. Ihre Leute werden so süchtig nach ›Neuem‹ und nach ständigem Wechsel, daß sie die gründliche oder auch nur angemessene Entwicklung des Produktes vernachlässigen. Sie können sich nicht lange genug auf eine Arbeit konzentrieren, um wirklich zu Ende zu bringen, was sie angefangen haben, ja, sie berichten sogar, daß es sie langweilt, eine Sache von Anfang bis Ende durchzuführen. Bei näherer Nachfrage entdeckte ich, daß diese Angestellten süchtig nach dem Adrenalinstoß waren, der die neue Idee begleitete, während sie sich von der gewissenhaften Verfolgung einer Arbeit heruntergezogen fühlten. Sie stürzten sich auf das neue

Projekt, um ihr Hochgefühl erneut zu erleben. Natürlich bleiben diese großartigen Innovationen aufgrund der mangelnden Produktplanung in den Regalen der Firmen liegen und bringen keinerlei Gewinn.

Die heutigen Unternehmen haben Innovationen und Kreativität dringend nötig. Abgesehen von dem innovativen Verhalten, wie es oben beschrieben wurde, können Arbeitssüchtige im Bereich kreativer neuer Ideen leider keine große Hilfe bieten. Der Verstand von Arbeitssüchtigen läuft monoton, und ihr Denken ist eingleisig. Kreative Ideen brauchen oft Zeit. Sie erfordern den Luxus, daß wir vor uns hinträumen, herumspielen und müßige Schwätzchen halten. Aber all das können Arbeitssüchtige sich nicht erlauben.

Einige Berufe sind besonders anfällig für zwanghafte Aktivitäten, die von einem Hochgefühl begleitet sind. Männer und Frauen, die zum Beispiel im Verlagswesen arbeiten, bekommen ihren Adrenalinstoß auf mindestens zweierlei Weise. Zum einen haben sie immer feste Termine einzuhalten, damit neue Bücher und Artikel rechtzeitig erscheinen. Und, was noch verführerischer ist, bei ihrer Arbeit geht es um neue Ideen, so daß sie immer in der Aufregung leben, Gratwanderungen zu unternehmen.

Notfallärzte und Schwestern sagen, daß ihr Adrenalinspiegel während der Arbeit permanent hoch ist. Sie sind ständig in Bereitschaft und in Erwartung neuer Patienten. Eine Notfallschwester gab ihren Beruf auf, weil das Arbeitstempo sich auf ihre Genesung von der Arbeitssucht hindernd auswirkte. Sie sagte, die Arbeit würde sie dermaßen aufputschen, daß ihr übriges Leben im Vergleich dazu blaß erschiene. Außerdem hatte sie das Gefühl, in den intensiven Zeiten, in denen sie permanent auf Krisensituationen einging, nicht bei sich zu sein. Sie vernachlässigte die grundlegendsten eigenen Bedürfnisse, wenn sie Dienst hatte, was zu Erschöpfungszuständen, Blasenentzündungen sowie immer häufiger auftretenden Erkältungen und Depressionen führte.

Ein Mensch, der gesund arbeitet, kann sich intensiv in eine Arbeit vertiefen und sich dann in seiner Freizeit ausruhen oder entspannen. Arbeitssüchtigen macht freie Zeit Panik. Die Folge ist, daß sie dazu tendieren, Aufgaben zu erweitern und einfache Projekte komplizierter zu machen als notwendig ist. Mit dieser Ausdehnung der Arbeit halten Arbeitssüchtige sich unbewußt beschäftigt und sorgen erfolgreich dafür, daß sie sich selbst ausweichen können.

Ein Manager beklagte sich darüber, daß sein Team Projekte immer über die Abgabetermine hinaus verzögerte. Bei näherer Nachforschung kam heraus, daß ein Mitglied des Teams unmittelbar vor Abschluß des Vorhabens immer noch andere Dinge fand, die unbedingt getan werden mußten. Statt diesen Mitarbeiter wegen seines Vorgehens, das nur Teil eines insgesamt arbeitssüchtigen Verhaltens war, zur Rede zu stellen, versuchten die anderen, sich ihm mit ihrer Arbeitsweise anzupassen oder sich passiv zu verhalten. Das führte dazu, daß viele Abgabetermine nicht eingehalten werden konnten und das Team ständig am Grollen war. Außerdem ging der Firma mit jedem verpatzten Termin bares Geld verloren.

Es ist wichtig, daß wir genau sehen, wie komplex das Verhalten von Arbeitssüchtigen ist. In dem gerade aufgeführten Beispiel manifestiert sich die Sucht darin, daß Projekte hinausgezögert werden, für die es feste Abgabetermine gibt. Im Falle der Neuerer zeigt sich die Sucht in der ständigen Hetze von einem Projekt zum nächsten. In beiden Fällen tut der Arbeitssüchtige nicht das, was der Aufgabe angemessen ist. Der Egoismus der Krankheit wird dabei ganz deutlich. Die Aufgabe ist nicht relevant, obwohl der Arbeitssüchtige ohne sie scheinbar nicht leben kann. Aber in Wirklichkeit ist die anstehende Arbeit unwichtig; sie ist lediglich Mittel zum Zweck. Der Zweck ist das Hochgefühl und/oder die Betäubung, die beide dazu dienen zu verhindern, daß der Arbeitssüchtige wirklich bewußt und mit seinen Gefühlen in Kontakt ist.

Workaholics lieben Krisen und stürzen sich förmlich darauf. Viele Arbeitssüchtige waren in der Familie, aus der sie stammen, gute Krisenmanager. Wenn sie anderen Menschen aus der Patsche halfen, fühlten sie sich gebraucht und erhielten Bestätigung. Auch bietet die Krise Süchtigen, denen man ihre Gefühle ausgetrieben hat, eine Chance zu fühlen. Krisen lenken unsere Aufmerksamkeit von unserem Alltag ab und verschaffen uns so in anderer Form ein adrenalinbedingtes Hochgefühl.

Ich rate Unternehmen häufig: Wenn in irgendeiner Abteilung eine Dauerkrise schwelt, halten Sie nach einem Süchtigen Ausschau. Meistens werden Sie herausfinden, daß im Mittelpunkt der Krise ein Arbeitssüchtiger steht oder versucht, sie zu lösen.

Arbeitssüchtige sind meistens keine guten Teamarbeiter und zwar aus mehreren Gründen. Erstens haben Arbeitssüchtige das Bedürfnis, alles zu bestimmen, und da man sich in Teams um Zusammenarbeit bemüht, sind sie für Arbeitssüchtige eine Quelle von Frustration. Zweitens ist es am besten, wenn Teams aus Menschen bestehen, die ein Selbstgefühl haben, eigenständig denken können und bereit sind, ihre Ideen mit anderen zusammen in einen Topf zu tun. Vor dieser Aufgabe versagen Arbeitssüchtige, weil sie nicht mit sich selbst in Kontakt sind, ihr Denken oft darum kreist, anderen zu gefallen, und ihre Ideen meistens eher im Dienste ihres Suchtprozesses stehen, als den Bedürfnissen des Teams entgegenzukommen. Drittens sind Teams Gruppen, in denen zusammengearbeitet wird, statt daß jeder allein vor sich hin arbeitet. Arbeitssüchtige aber werden sich isolieren und allein arbeiten, weil es frustrierend für sie ist, wenn andere sich nicht zwingen lassen, länger zu bleiben. Sie arbeiten häufig außerhalb der Teamarbeitszeit, kommen dann mit Lösungen für das Team an und ziehen ein Gesicht, wenn das Team sich darüber aufregt, daß man sich in seinen Arbeitsablauf von außen einmischt. Aus ihrer verengten Sicht und bei ihrer Heftigkeit verstehen arbeitssüchtige Teammitglieder nicht, daß das Problem nicht in ihrem Arbeitsinhalt sondern in ihrer Arbeitsweise besteht.

Perfektionistische Workaholics verbringen endlose Stunden damit, sich auf Teamsitzungen vorzubereiten. Sie haben entsetzliche Angst vor Fehlern und davor, von anderen als der Mensch erkannt zu werden, der sie wirklich sind. Natürlich stellt die Mitgliedschaft in einem Team für sie lediglich eine zusätzliche Bürde dar. Die Produktivität von perfektionistischen Arbeitern ist unbeständig, da sie zwischen intensivem Schaffen und verzögerter Arbeit hin- und herschwanken. Die Folge ist, daß sie schubweise arbeiten und dann gar nichts mehr tun. Ein Arbeitssüchtiger beobachtete: »Ich wechselte zwischen hektischer Aktivität und dem Gefühl, wie gelähmt zu sein. Ich war dermaßen perfektionistisch, daß ich Angst hatte, überhaupt etwas zu tun, wenn es nicht tadellos wurde, und so wurde ich handlungsunfähig.«

Und wieder ist es wichtig, darauf zu achten, wie schwankend die Leistungen von Arbeitssüchtigen sind, und sich zu fragen, welche Auswirkungen das auf die Produktivität hat. Intensive Arbeiter mit Arbeitsanfällen schaffen vielleicht sehr viel, sind aber ›Achterbahn-Arbeiter‹. Sind sie auf der Höhe, ist auch ihr Adrenalinspiegel hoch, und in ihrem Rausch machen sie einen guten Eindruck. Aber wenn der Höhepunkt erst einmal überschritten ist, haben sie keine andere Wahl, als in den Keller zu gehen. Für eine längerfristige gute Produktion müssen Leistungen jedoch ausgewogen sein.

Stellen Sie sich vor, wieviel Unzuverlässigkeit Leistungen im ›Achterbahn-Stil‹ für ein Unternehmen bedeuten. Weil man nie wissen kann, wann der Süchtige obenauf und wann er unten ist, muß man sich ständig auf den nächsten Schlag gefaßt machen. Ich hatte einmal eine Sekretärin, die unter dieser Seite der Krankheit litt. Wenn sie sich ›auf der Höhe‹ befand, war das großartig für unser Büro. Alles lief wie geschmiert, auch wenn ich zugeben muß, daß die Atmosphäre manchmal etwas Manisches hatte. Aber immer wenn ich sie wirklich brauchte, war sie unweigerlich ganz unten, und ich blieb ohne die Unterstützung, die ich glaubte, mir mit einer Sekretärin geholt zu haben. Ich begann harmonische und ausgewogene Leistungen ganz neu zu schätzen. Diese Ausgeglichenheit ist bei Arbeitssüchtigen extrem selten zu finden.

Wir haben gesehen, wie Arbeitssüchtige in Familie und Privatleben die Arbeit als Hauptvorwand benutzen. Der Satz, »Rechne nicht damit«, ist den meisten Familien von Arbeitssüchtigen vertraut. Er bedeutet, mache niemals Pläne, weil du nie wissen kannst, wann der Süchtige arbeiten muß, und die Arbeit steht für ihn an erster Stelle. Auf diese Weise vermeiden Arbeitssüchtige es, die Verantwortung für ihr Handeln und ihre Entscheidungen zu übernehmen. Sie werden von einer Macht getrieben, die größer ist als sie selbst: ihrer Sucht.

Tatsache ist, daß Workaholics auch im Beruf keine Verantwortung übernehmen. Wenn sie beruflich unzufrieden sind, projizieren sie diese Unzufriedenheit als Vorwurf auf Mitarbeiter, Vorgesetzte oder die Firma. Sie schauen sich ihr eigenes Leben nicht an und fragen sich nicht nach ihren Prioritäten. Arbeitssüchtige schieben den Schwarzen Peter immer anderen zu, nie sich selbst. Durch ihre Außenorientierung gehen Arbeitssüchtige der Realität, daß sie sich selbst zerstören, aus dem Weg. Und zugleich bleiben sie auch blind für die Zerstörung, die zu Hause und in der Firma stattfindet.

Viele arbeitssüchtige Angestellte wollen alles »alleine machen«. Sie isolieren sich aus mehreren Gründen. Wenn sie für sich bleiben, können sie Tempo und Inhalt ihrer Arbeit selbst bestimmen. In ihrer Isolation müssen sie nicht um Hilfe bitten. Das unterstützt sie in ihrer Illusion von der eigenen Gottherrlichkeit. Und je isolierter Angestellte sind, desto schwerer kann man sie überwachen. Es ist unwahrscheinlich, daß Sie sich in die Arbeit eines Arbeitssüchtigen einmischen, wenn Sie gar keine Gelegenheit haben, ihn zu beobachten. Mit alledem schützen Arbeitssüchtige im Beruf ihren Arbeitsnachschub.

Alles, was hier über Arbeitssüchtige und ihre Arbeit geschrieben steht, gilt sowohl für Vorgesetzte als auch für Angestellte in niedrigeren Positionen. Bei Vorgesetzten beobachten wir jedoch noch einige zusätzliche typische Züge. Arbeitssüchtige sind schlechte Vorgesetzte. Leider nehmen viele Arbeitssüchtige heute Managementpositionen ein. Vielleicht ist das einer der Gründe, warum es soviel Managementberatung gibt. Wir alle haben das Gefühl, daß im Geschäftsleben etwas falsch läuft. Bislang haben wir versäumt zu sehen, daß wir uns niemals dem Suchtprozeß bei Menschen und in Unternehmen zugewandt haben.

In dem Bemühen, alles richtig zu machen, vermitteln Vorgesetzte ihren Angestellten manchmal widersprüchliche Botschaften. Das galt auch für Walter. Er war der Leiter einer großen Dienstleistungsagentur. Seine Angestellten arbeiteten zu ungewöhnlichen

Zeiten wie abends und an den Wochenenden, weil sie in andere Städte reisten, wo sie Seminare abhielten. Walter, ein nicht genesender Arbeitssüchtiger, sagte seiner Belegschaft, sie solle sich mindestens einen Tag in der Woche frei nehmen, um sich auszuruhen und ihr Wissen auf den neuesten Stand zu bringen. Schließlich erwartete man von ihnen, daß sie mit den neuesten Theorien auf ihrem Gebiet vertraut waren.

Mehrere Angestellte nahmen Walter beim Wort. Sie erklärten den Mittwoch zu ihrem Erholungstag, an dem man sie zu Hause erreichen könne, wo sie lesen würden. Obgleich Walter prinzipiell für einen Erholungstag plädierte, stichelte er seine Mitarbeiter ständig deswegen. Er selbst nahm sich nie einen Tag zum Lesen frei und setzte häufig Konferenzen für Mittwoch an. Wenn seine Belegschaft ihn dann daran erinnerte, daß der Mittwoch für ihre Erholung vorgesehen sei, verdrehte er die Augen, seufzte und machte sich verärgert davon. Schon bald wurde es für die Angestellten immer schwieriger, ihren freien Tag zu halten. Andere Mitarbeiter nörgelten daran herum, fühlten sich dadurch gestört und anderes mehr. Walter schwang weiter Reden über die Notwendigkeit, sich frei zu nehmen, aber alle wußten, daß das leeres Gerede war, das hauptsächlich dazu diente, ihn in seinem Glauben zu unterstützen, er sei ein weiser und einfühlsamer Vorgesetzter, während er in Wirklichkeit nichts anderes tat, als seine Arbeitssucht zu verleugnen. Der Widerspruch zwischen seinen verbalen Botschaften und seinem tatsächlichen Verhalten rief bei seiner Belegschaft große Verwirrung hervor. Schließlich wurden neue Mitarbeiter von den alten in die Agentur mit dem Rat eingeführt: »Folgen Sie nicht dem, was Walter sagt, sondern dem, was er tut.«

Einer der Gründe dafür, daß arbeitssüchtige Vorgesetzte sich mit Angestellten schwer tun, ist, daß sie ihre eigenen Grenzen nicht kennen und deswegen auch keine Vorstellung von den Grenzen anderer Menschen haben. In ihrem eigenen Leben greift die Arbeitssucht um sich. Sie sind nicht imstande, sich auf ihren Körper und ihre Psyche einzustellen. Und weil sie ihre eigenen Bedürfnisse nicht wahrnehmen können, haben sie auch keinen Respekt für die Bedürfnisse anderer. Noch weniger Verständnis haben sie für die Bedürfnisse von Angestellten. Sie wissen nicht, welche Erwartungen realistisch sind und welche nicht. Sie sind in der Organisation wie entsicherte Geschütze. Das Problem ist, daß sie die Führung haben.

Überall wo ich hinkomme, höre ich die gleichen Klagen: »Mein Chef ist arbeitssüchtig und erwartet von mir das gleiche.« Arbeitssüchtige sind egoistisch. Sie setzen die eigene Person als Maßstab für die Beurteilung anderer Menschen, und ihre Norm für andere ist zwangsläufig die Arbeitssucht.

Dieses Problem begegnete mir auf der institutionellen Ebene bei einer Dienstleistungsagentur, die mich engagierte, damit ich bei einem Konflikt vermittelte, der unter den Angestellten ausgebrochen war. Bei näherer Nachforschung wurde deutlich, daß die Arbeitssüchtigen wütend auf die anderen Mitarbeiter waren, weil diese nur vierzig Stunden in der Woche arbeiteten und mit ihren Familien Urlaub machten. Die Arbeitssüchtigen beharrten darauf, daß die anderen Kollegen nicht so einsatzfreudig seien wie sie. Sie warfen ihnen vor, faul zu sein und ihre Arbeit zu vernachlässigen. Bei meinen Sitzungen mit der Belegschaft fand ich heraus, daß die Vierzig-Stunden-Leute hart arbeiteten. Sie unterschieden sich von den anderen aber darin, daß für sie die Arbeit nicht ihr Leben war. Diese Einstellung versetzte die Arbeitssüchtigen in eine Wut, die etwas von religiösem Fanatismus an sich hatte, denn sie waren davon überzeugt, daß ihre Sicht der Welt die ›richtige‹ sei. Die Maßstäbe, die die Arbeitssüchtigen setzten, bewirkten eine Spaltung der Belegschaft. Das ist ein gutes Beispiel dafür, wie sich diese Krankheit festsetzen und dann zu generellen Erwartungen führen kann, obwohl sie sich doch in Wirklichkeit in einem gestörten Verhalten niederschlägt und die Menschen, die damit fortfahren, krank sind.

Und schließlich sollten wir nicht außer acht lassen, daß Angestellte und Vorgesetzte in dem Maße, wie die Krankheit Arbeitssucht fortschreitet, mehr Fehler machen, ihr Urteilsvermögen verlieren und zur totalen Erschöpfung neigen. Da Arbeitssucht sich in Form einer abwärts führenden Spirale entwickelt, kommt es aufgrund des völligen Zusammenbruchs unweigerlich dazu, daß die Arbeitssüchtigen gehen müssen. Und damit schnellen natürlich die Kosten für die Firma nach oben.

Ein extremes aber nicht ungewöhnliches Beispiel für dieses Problem war ein arbeitssüchtiger leitender Angestellter, der in der Firma an einem Mittwoch seine Kündigung vorlegte. Am Donnerstag erlitt er einen leichten Gehirnschlag, doch weigerte er sich, sich behandeln zu lassen, obwohl seine Familie außer sich war. Am Freitag hielt er seine Abschiedsrede für die Angestellten im Rollstuhl und wurde anschließend sofort in die Notfallstation einer Klinik eingeliefert.

Diese Geschichte handelt von totaler körperlicher Erschöpfung. Als der leitende Angestellte kündigte, brach er körperlich zusammen. Die Ironie seiner und vieler ähnlicher Geschichten besteht darin, daß diese Menschen ihre lebenslangen Verhaltensmuster selbst nach der Kündigung noch fortsetzen. Dieser Mann litt unter Arbeitssucht und hatte deswegen während seiner Arbeitsjahre nicht auf sich achtgegeben. Als er dann einen Gehirnschlag erlitt, kümmerte er sich immer noch nicht um sich, sondern überließ das seiner Frau. Die eine Hälfte seines Lebens bestand aus hektischer Aktivität. Jetzt kann er sich nicht mehr bewegen. Er hat weder für seine eigene Entwicklung noch für seine Pflege und Behandlung die Verantwortung übernommen. Das ist das Tragische am körperlichen Zusammenbruch. Wer emotional zusammenbricht hat zumindest die Chance zu heilen und den Krankheitsverlauf rückgängig zu machen.

9 Die arbeitssüchtige Organisation

Erschreckend offensichtlich ist Arbeitssucht also eine schwere Krankheit, die Individuen sowie deren Beziehungen und deren Arbeit beeinträchtigt. In sämtlichen Fällen führt sie zu körperlichen und psychischen Störungen und in manchen Fällen zum Tod. Die Suchtberatung kennt inzwischen raffinierte Methoden, um bei dieser Krankheit einzugreifen und sie zu behandeln. Wir können sogar die Genesung der Familie fördern. Aber was tun wir, wenn eine ganze Organisation arbeitssüchtig ist?

Diese Frage wurde mir von einer Frau gestellt, die auf dem Gelände einer sehr angesehenen Universität ein Fitneß-Center leitet. Sie trat einer der ersten Gruppen für Anonyme Arbeitssüchtige in den Vereinigten Staaten bei, weil sie feststellte, daß sie sich in ihrer Arbeit verlor. Sie hat voller Glauben an ihre Heilung ein eigenes Genesungsprogramm für ihre Sucht entwickelt und kommt damit gut voran. Das Problem: Ihre Arbeit macht sie verrückt. Mit ihrer erst schwach entwickelten Genesung geht sie zur Arbeit, nur um dort überall auf Arbeitssucht zu treffen, die jede Faser ihres Unternehmens durchdringt. Sie weiß, daß sie eine Beziehung zu einem Süchtigen hat, aber in diesem Fall ist der Süchtige ihre Firma. Ihr Drang, ihre Firma zu heilen ist groß, und das wiederum stellt eine Bedrohung für ihre eigene Genesung dar.

Institutionelle Arbeitssucht? Ihre Frage enthält für mich keinen neuen Gedanken, denn ich hatte mich schon früher mit der Tatsache auseinandergesetzt, daß Organisationen sich in unserer Gesellschaft genauso verhalten wie aktive Suchtkranke.[1] Trotzdem machte mich etwas an ihrer Frage betroffen, und ich beschloß, mir näher anzuschauen, inwiefern Organisationen mehr sind als eine neutrale Umgebung für arbeitssüchtiges Verhalten.

Organisationen sind arbeitssüchtig. Sie fördern diese Krankheit und verschlimmern sie, und ich glaube, daß sie sie für ihr Überleben auch tatsächlich brauchen. Folglich sind Organisationen an der Krankheit beteiligt und tragen auch Verantwortung für deren Genesung. Ihr Verhältnis zur Arbeitssucht ist weder das eines Opfers noch das des unbeteiligten Zuschauers.

Das allgemeine Klima

Warum sind Organisationen arbeitssüchtig? Lassen Sie uns einen kurzen Blick auf das Klima werfen, in dem unsere größten Unternehmen heute ihre Geschäfte machen.

Ein Geschäftsteilhaber formulierte es folgendermaßen:

Als ich 1952 meinen Collegeabschluß machte, sah das ökonomische Klima so aus, daß ich darauf hoffen konnte, eine Stelle bei einer guten Firma zu bekommen, so viel Geld zu verdienen, daß ich meine Familie davon ausreichend ernähren und mich später abgesichert in den Ruhestand zurückziehen konnte. Die Abende und Wochenenden konnte ich zu Hause verbringen und nahm nur selten Arbeit aus dem Büro mit. Meine beiden Söhne mußten sich abstrampeln, um eine Stelle zu bekommen. Sie wissen genau, wenn sie nachlassen, wartet hinter ihnen bereits eine Schlange von hunderten gut qualifizierter Leute, die um ihren Arbeitsplatz anstehen. Sie gehen morgens um sieben aus dem Haus und kommen selten vor acht Uhr abends wieder. Sie arbeiten an den Wochenenden mindestens einen Tag und bringen sich jeden Abend Arbeit mit nach Hause. Ihre Gehälter sind kaum angemessen, und die Sicherheit ihres Arbeitsplatzes ist gleich Null. Mein zweiunddreißigjähriger Sohn bekam letztes Jahr ein offenes Magengeschwür, und mein sechsunddreißigjähriger Sohn hat Migräneanfälle mit schweren Sehstörungen.

So also sieht das Klima aus, in dem Organisationen versuchen Geschäfte zu machen und arbeitende Menschen versuchen zu überleben. Diese Umgebung ist keine Entschuldigung für Arbeitssucht, gibt uns aber einen Hinweis darauf, warum ein Anstieg der Arbeitssucht zu beobachten ist. Es ist in jedem Fall wichtig, sich daran zu erinnern, daß Arbeitssucht eine fortschreitende und tödliche Krankheit ist und deswegen die schlimmste Reaktion auf ein bereits gestörtes ökonomisches System darstellt. Arbeitssucht ist in keiner Weise eine Möglichkeit zur Rettung von Unternehmen. Im Gegenteil, sie führt lediglich dazu, daß eine Firma schneller zu Fall kommt.

Das Überleben von Unternehmen geht über alles

Workaholics werden alles tun, um sich ihren ›Schuß‹ oder Arbeitsnachschub zu erhalten. Auch wenn sie vorgeben, sich Sorgen um andere zu machen, geht es ihnen in Wirklichkeit darum, ihre Sucht zu verteidigen. Die Folge ist ein ausgeprägter Egoismus. Arbeitssüchtige Firmen nehmen eine ähnliche Haltung ein. Sie stellen ihre Interessen über alles. Sie verbürgen sich für niemanden – weder für Mitarbeiter, noch für Gesellschafter, Gemeinden oder das Land. Wenn eine Organisation von Eigeninteressen angetrieben wird, ist jeder austauschbar und loyales Verhalten wird nicht anerkannt. Diese Haltung von arbeitssüchtigen Unternehmen mag die überstürzten Fusionen, Entlassungen und Stillegungen erklären. So kommt es auch dazu, daß die Co-Abhängigen (Mitarbeiter, Gesellschafter, Lieferanten) sich abstrampeln, um sich vor vernichtenden Folgen zu schützen. Also geht jeder seinen eigenen Interessen nach, und niemand gibt seine Energie in die Organisation.

Profit um jeden Preis

Die arbeitssüchtige Organisation operiert mit verengter Sicht. Sie sieht nur eins: Die letzte Zeile der Gewinnerklärung. Um den Profit zu halten, werden Produkte beschnitten und Arbeit aus den Menschen herausgequetscht. Das Management steht unter enormem Druck, mit immer weniger Aufwand immer mehr erreichen zu müssen. Ich habe im Verlaufe der Jahre beobachtet, daß viele Organisationen die Last der Rentabilität direkt auf die Menschen abwälzen. Die Mitarbeiter werden tatsächlich zu Gebrauchsgegenständen, die benutzt und dann abgestoßen werden, während andere schon auf Abruf bereitstehen, um sie zu ersetzen.

In dem Maße, wie die Angestellten co-abhängig von der Organisation sind und um ihr eigenes Überleben fürchten, kooperieren sie mit diesen Verrücktheiten. Wie die Kinder arbeitssüchtiger Eltern entwickeln auch Angestellte Bewältigungsstrategien, die meistens schädlich für sie sind. Sie wollen dem ›Mutterunternehmen‹ gefallen, versuchen dessen nächste Schritte zu erahnen, schaffen sich zur Unterstützung Schattenorganisationen und entwickeln selbst eine voll ausgeprägte Arbeitssucht.

Workaholics auf dem Weg zur Genesung haben die Erfahrung gemacht, daß sich ihr restliches Leben von selbst positiv entwickkelt, wenn sie sich darauf konzentrieren, ›nüchtern‹ zu werden, und versuchen, auf der Grundlage einer ehrlichen und spirituellen Haltung zu leben. Organisationen, die darauf achten, daß sie auf integere Weise Qualitätswaren produzieren, stellen fest, daß sich Gewinne von selbst einstellen.

Kurzfristige Lösungen, kurzfristige Erfolge

So wie Arbeitssüchtige ein eingleisiges Denken entwickeln, denken arbeitssüchtige Organisationen kurzsichtig. Sie sind auf den ›Schuß‹ der kurzfristigen Lösung aus, statt das Risiko einer langfristigen Planung einzugehen. Die Unaufrichtigkeit des Arbeitssüchtigen findet unter anderem auch Ausdruck in einem Führungsstil, der beeindrucken will. Nach außen hin macht er einen guten Eindruck, während innen das Chaos tobt. Die Familie des Arbeitssüchtigen wird in den gleichen Prozeß verstrickt. Statt das Risiko einer Intervention einzugehen, die sich langfristig auswirkt, verhält sie sich beschwichtigend und ist immer auf der Suche nach Möglichkeiten, Situation für Situation zu bewältigen.

Arbeitssüchtige Organisationen sind hektische Organisationen. Sie sind gehetzt, wechseln ständig ihre Strategien und ihnen fehlt jede Klarheit. Sie stürzen sich auf Lösungen, ohne über die Folgen nachzudenken. Stellen Sie sich vor, wie ermüdend das für die Menschen ist, die dort arbeiten. Der Süchtige ist unberechenbar, also werden seine Lieben total wachsam. Auch die Organisation ist unberechenbar, und die Menschen, die dort arbeiten, werden ständig auf Trab gehalten.

Die Ironie ist, daß kurzfristige Lösungen fast immer längerfristige Folgen haben, also muß die Zeit, die jetzt gespart wird, doppelt und dreifach aufgewandt werden, um das Durcheinander zu beheben, das unter dem Strich herausgekommen ist. Das ist mit Sicherheit auch die Lektion, die uns durch die Umweltverschmutzung beigebracht wird.

Auf einem Frachtschiff auf dem Weg von Antwerpen nach Montreal sah ich ein Beispiel für dieses kurzfristige Denken. Die Frachtschiffahrt gehört zu den am schnellsten wachsenden Transportindustrien der Welt. Jeden Tag werden Milliarden Tonnen von Waren von schweren Frachtschiffen über die Meere transportiert. Ich staunte, mit welcher Geschwindigkeit der Frachter geladen und wie geschickt er durch Häfen und Schleusen geleitet wurde. Aber auf dem unteren Deck häuften sich Kisten, Kartons, Plastikabfälle, Styropor und Müll, der ein ansonsten fleckenlos sauberes Schiff verschmutzte. Man sagte mir, daß kein Hafen den Müll abnehmen würde, obwohl die Firma versucht hätte, entsprechende Verträge abzuschließen. Die Lösung? Kipp den Abfall ins Meer. Und genau das tun außer diesem Frachter jeden Tag tausende von anderen Schiffen. Seit Jahren geht das jetzt so und wird ohne Zweifel auch noch so weitergehen. Antwerpen, unser Ausgangshafen, ist der zweitgrößte Cargo-Frachthafen der Welt. Er hat die technische Ausrüstung, um ein Schiff innerhalb von *vierundzwanzig* Stunden mit 28.000 Tonnen Fracht zu beladen, nutzt diese Technologie aber nicht, um ein paar hundert Kilo Abfall zu beseitigen. Statt dessen vergiften die Frachter dieselben Meeresstraßen, auf denen sie so wohlwollend von Hafen zu Hafen und damit von Dollar zu Dollar getragen werden. Wer kann die Auswirkungen auf das komplexe Ökosystem unter Wasser schon einschätzen? Nur ein Süchtiger, der von seiner Gottherrlichkeit besessen ist, würde sich da heranmachen. Hier zeigt sich die ganze Stupidität der kurzsichtigen arbeitssüchtigen Organisation.

Mission verweigert

Auch wenn ich über den Suchtaspekt von Organisationen schreibe, glaube ich weiterhin an Organisationen und an die Macht des korporativen Einsatzes. Ich habe nun einmal das Gefühl, daß wir zusammen mehr erreichen können, als jeder einzelne von uns. Diese Hoffnung hege ich deswegen, weil ich in meinem eigenen Leben außergewöhnlich gute Erfahrungen mit Organisationen gemacht habe, die Aufträge behandeln, als habe man ihnen eine heilige Mission anvertraut. Die Mission ist ihre Existenzberechtigung, der Sinn ihres Daseins. Ohne das Gefühl, eine Mission zu haben, sind Organisationen seelenlos.

Leider hat die arbeitssüchtige Organisation ihre Mission meistens aus den Augen verloren. Vielleicht gibt sie missionarische Lippenbekenntnisse von sich, aber in Wirklichkeit ist an die Stelle der Mission etwas anderes getreten, und zwar am häufigsten die ausschließliche Ausrichtung auf Profite. Der Arbeitssüchtige verliert im Verlauf der Krankheit sein Selbst, und seine Identität wird mehr und mehr von der Krankheit geprägt. Das ist auch der Grund dafür, daß einige Süchtige schizophrene Persönlichkeitszüge zeigen. Wenn sie ihrem Suchtverhalten nachgehen, sind sie ein anderer Mensch.

Arbeitssüchtige Organisationen verlieren also unweigerlich das Gespür für ihre Mission. Dieser Prozeß verläuft in Phasen. Zuerst wird die Mission ignoriert, dann verblaßt sie und bildet schließlich gar keine Grundlage mehr für Entscheidungen. Und am Ende ist sie überhaupt nicht mehr wichtig. Die Firma wird von anderen Dingen getrieben.

Das Verhalten in arbeitssüchtigen Organisationen entspricht selten der Aufgabe, die sie auf dem Markplatz scheinbar so gut bewältigen. Ich habe zum Beispiel mit vielen Krankenhäusern gearbeitet. Ihre Mission ist das Heilen. Und trotzdem gehören Ärzte und Krankenschwestern mit zu den ungesündesten Menschen, die mir je begegnet sind. Unter meinen Klienten befinden sich mehrere kirchliche Organisationen. Aber unter den kirchlichen Angestellen treffe ich selten auf einen Menschen, der wirklich eine spirituelle Haltung hat. Die größen internen Probleme von Telefondiensten bestehen in Verständigungsschwierigkeiten.

Stellen Sie sich vor, wieviel Streß arbeitssüchtige Organisationen ihren Mitarbeitern machen, weil sie nicht mehr in Einklang mit ihrer Mission sind. Wenn Menschen Organisationen beitreten,um beim Heilen, Kommunizieren, Erfinden und anderen Tätigkeiten zu helfen und dann feststellen müssen, daß sie gar nicht tun, was sie in erster Linie hergebracht hat, erzeugt das enorm viel Streß. Arbeitssüchtige Organisationen lassen sich durch Interessenskonflikte von ihrer Mission abhalten. Sie konzentrieren sich lieber auf den Konflikt, als auf ihre wirkliche Bestimmung.

In einem Architekturunternehmen, das ein Gebäude für die eigene Firma entwarf, gerieten Landschaftsplaner und Ingenieure in einen Interessenskonflikt. Die Landschaftsplaner wollten in der Eingangshalle durchsichtige Fenster haben (für Pflanzen), und die Ingenieure bestanden auf getöntem Glas, um die Raumtemperatur gleichmäßig zu halten. Die Landschaftsplaner gewannen.

Drei Empfangsdamen sitzen in der Eingangshalle. Den ganzen Tag lang knallt ihnen die Sonne auf den Kopf. Sie versuchen die Situation zu mildern, indem sie Sonnenbrillen und große Strohhüte tragen und haben ihre Computer-Monitore in Kästen gestellt, damit das grelle Sonnenlicht nicht auf den Bildschirmen reflektiert. Aufgrund der große Hitze und ihrer sonstigen Arbeitsbedingungen sind sie gereizt und verärgert. Nun sind diese drei Frauen aber die ersten Menschen, auf die potentielle Kunden treffen, wenn sie das Gebäude betreten. Die Empfangsdamen und die Eingangshalle sind das Aushängeschild, mit dem die Firma für die architektonischen Leistungen wirbt, die sie anzubieten hat! Die jüngste Lösung der Firma bestand darin, drei große Sonnenschirme aufzustellen, um die Empfangsdamen vor der Hitze zu schützen. Ein potentieller Kunde vertraute mir an, daß er glaubte, an die falsche Adresse geraten zu sein, als er das Gebäude betrat. »Ich dachte, ich sei versehentlich in einem exklusiven Reisebüro gelandet, wo die Kunden sich gleich für den Strand umziehen!« Das Werbemotto der Firma lautete: »Wir entwerfen Umgebungen für Menschen!«

Arbeitssüchtige Organisationen können sich nicht an ihre Prioritäten halten. Da sie keine klare Weisung durch ihre Mission haben, machen sie sich alles schwerer als es ist. Die einfachsten Aufgaben werden zur Last, weil es keine klare Linie gibt. Überlegen Sie einmal, welchen Tribut sowohl Angestellte als auch Kunden dafür leisten müssen.

Krisenmanagement als Norm

Arbeitssüchtige Organisationen geraten von einer Krise in die andere. Durch die Krise werden menschliche Energien fehlgelenkt. So wird ein Klima erzeugt, in dem die üblichen Regeln aufgehoben sind und der Arbeitsablauf hauptsächlich von der Ausnahmesituation geprägt wird.

Kürzlich stieß ich auf ein Buch, in dem Krisen als Führungstaktik empfohlen werden. Der Autor berief sich dabei auf die Tatsache, daß Menschen in Krisen ihre üblichen Feindseligkeiten beiseite lassen. Sie ziehen zusammen an einem Strang, verhalten sich selbstlos und bemühen sich zusätzlich. Außerdem verleiht es ihnen ein Hochgefühl, wenn sie Krisensituationen bewältigen. In seinem Buch rät er Managern, bewußt Bedingungen herzustellen, auf die Menschen mit außergewöhnlichem Einsatz reagieren. Das nennt sich dann, Menschen zu Höchstleistungen anspornen.

Für mich ist das eine Anleitung zum totalen Zusammenbruch. Jeder Experte für Streß kann uns die grundlegenden Auslöser für totale Erschöpfung nennen. Wenn die Adrenalindrüsen ständig Adrenalin produzieren müssen, geben sie schließlich auf. Und wenn die Adrenalindrüsen versagen, versagen auch Sie. Ständige Krisensituationen greifen die Adrenalindrüsen an.

Es ist wichtig zu sehen, daß Seminare zur Streßbewältigung aus der Perspektive der Krisenorientierung als Mittel dienen, mit dem die arbeitssüchtige Organisation ihre Sucht verteidigt. Gewöhnlich sind diese Seminare wie ein Training aufgebaut, bei dem die Angestellten Instrumente in die Hand bekommen, mit denen sie ihre Streßbelastung einschätzen können. Dann werden sie in Streßtheorien eingeführt (wie Angriff-Flucht-Verhalten); man bringt ihnen Entspannungsübungen bei und informiert sie darüber, wie wichtig Ernährung und regelmäßige Bewegung für den Abbau von Streß sind. Die wichtigste Botschaft lautet: »Sie sind verantwortlich dafür, Ihr Leben in die Hand zu nehmen und den Streß in den Griff zu bekommen.« Seminare über Streß weisen niemals darauf hin, wo in Organisationen der Ursprung für Streß liegt: beim Management und der arbeitssüchtigen Unternehmensgesellschaft. Statt dessen wird den Angestellten in diesen Seminaren auf subtile Weise nahegelegt, sie seien verantwortlich, wenn sie sich zu sehr gestreßt fühlen. Aber in Wirklichkeit entsteht Streß zum großen Teil durch die, vom Management vorgegebene, Politik, den Führungsstil und das Klima – und alle diese Bereiche sind total krisenbelastet.

Wir müssen nicht nur die Gefahr sehen, die die Krisenausrichtung für Mitarbeiter und Organisationen beinhaltet, sondern uns auch noch tiefergehende Fragen stellen: Warum müssen Menschen hochgeputscht werden, damit sie ihre Arbeit tun? Warum glaubt die Organisation, etwas tun zu müssen, um die Mitarbeiter zu Leistungen zu bringen? Warum reicht die Mission der Organisation zusammen mit den Fähigkeiten ihrer Angestellten und der Zusammenarbeit ihrer Mitarbeiter als Motivation nicht aus?

Ich glaube, in gesunden Organisationen reichen die Herausforderung durch die Mission und ein integerer Herstellungsprozeß als Motivation völlig aus. Sie brauchen keine Methoden, um Menschen für ihre Arbeit zu interessieren. Das allgemeine Klima sorgt für genügend reale Arbeitsabläufe (darunter auch Krisen), so daß kein Grund besteht, künstlich welche zu erzeugen.

Arbeitssüchtige Organisationen sind krisenbesessen und erzeugen Krisen,weil der Suchtprozeß der Verwirrung dient. Die Krise soll alle beschäftigt halten und verhindern, daß die tiefergehenden Fragen gestellt werden, die zu Genesung und Heilung führen könnten.

Keine Grenzen, kein Respekt

Arbeitssüchtige Organisationen kennen keine Grenzen. Manchmal werden sie gierig. Sie starten Projekte, die schlecht vorbereitet sind. Sie passen sich der Masse an. Verblendet von der Illusion der Kontrolle und des Perfektionismus, haben sie keinen Respekt vor sich selbst. Und dieser mangelnde Respekt weitet sich auch auf die Mitarbeiter aus.

Eine Grenze ist eine Markierung. Wenn eine Organisation Grenzen respektiert, kennt sie den Unterschied zwischen sich und anderen Bereichen und betritt diese nicht, solange sie nicht dazu aufgefordert wird.

Die arbeitssüchtige Organisation und der arbeitssüchtige Angestellte haben sehr durchlässige Grenzen. Die Hauptbeschwerde der Familien von Workaholics lautet, daß diese sich mit ihrer Arbeit noch bis in den letzten Winkel des häuslichen Lebens ausbreiten. Es gibt keine Grenzen, die sie vor der Arbeitsdosis des Süchtigen schützen. Angestellte in arbeitssüchtigen Organisationen beklagen sich hauptsächlich darüber, daß die Organisation keinen Respekt vor ihrem Privatleben hat. Die arbeitssüchtige Organisation erwartet, im Leben ihrer Mitarbeiter an erster Stelle zu stehen und verhält sich entsprechend. Es gibt mehrere technische Einrichtungen, die die Firma bei ihrem Eindringen in das Privatleben ihrer Angestellten unterstützen.

Telefon und Telefax sind zwei Geräte, über die man mit den Angestellten Tag und Nacht Kontakt aufnehmen kann. Für den Arbeitssüchtigen kommen diese beiden technischen Geräte einer Ausrüstung für die Ausübung ihrer Sucht gleich. Mit dem Faxgerät (einem Gerät, auf dem man vierundzwanzig Stunden am Tag Nachrichten hinterlassen und jederzeit annehmen kann), kann man sich ebenso beschäftigt oder andere auf Trab halten, wie mit

Telefonanrufen. In dem Maße, wie die Zeit zu unserem kostbarsten Gut wird, brauchen immer mehr Menschen kabellose Telefone, um jederzeit Telefonkontakt herstellen zu können. Mehrere Organisationen mußten Maßnahmen entwickeln, um den Gebrauch von Faxgeräten zu regulieren, weil sie feststellen mußten, daß die Arbeitssüchtigen der Firma diese Einrichtung Tag und Nacht benutzten. Andere Angestellte konnten ihre Ferien nicht genießen, weil sie ständig Angst hatten, wichtige Mitteilungen zu verpassen.

Ein älterer Diplomat schilderte mir treffend, wie sehr er sich als Außenseiter gefühlt habe, als er kürzlich nach dreißig Jahren Auslandsdienst in die Vereinigten Staaten zurückkehrte. Nachsinnend über die Evolution der Aktenmappe sagte er:

Als ich in das diplomatische Korps eintrat, nahmen wir zur Arbeit lediglich einen kleinen Frühstücksbeutel mit. Dann begannen die Leute, eine Aktenmappe zu tragen, aber die war lediglich ein Statussymbol. Wenn sie tatsächlich etwas anderes enthielt, als einen Regenschirm, wurde der Inhalt jedoch nie eines Blickes gewürdigt. Sie wurde einfach zwischen Arbeitsplatz und Zuhause hin- und hertransportiert. Jetzt platzen die Aktenmappen von Leuten fast, sie arbeiten zu Hause, und darüber hinaus haben auch viele von ihnen Computer in ihrer Wohnung.

Was der Diplomat beobachtet gibt Zeugnis davon, wie schnell die Dinge sich verändern. Technologie als solche ist weder gut noch schlecht. Sie existiert einfach. Aber wenn wir zulassen, daß die Technologie zum mächtigen Werkzeug wird, das jetzt im Dienste des Suchtprozesses eingesetzt werden kann, dann kann sie selbst zum Suchtmittel werden.

Ein wichtiger Aspekt bei der Genesung von Arbeitssüchtigen ist die Fähigkeit, klare Grenzen zu entwickeln, zu wissen, wann man sagen muß: »Nein, bis hierher und nicht weiter.« Auch Organisationen tragen diesbezüglich Verantwortung. Sie haben nicht das Recht, sich ständig im Leben des Angestellten breit zu machen. Sie sind dafür verantwortlich, selbst Grenzen zu setzen, und müssen respektieren, daß andere das Recht auf ein Leben haben, das nichts mit der Arbeit zu tun hat.

Viele der Züge, die für das arbeitssüchtige Individuum charakteristisch sind, finden wir auch in der arbeitssüchtigen Organisation vor.

Organisationen leiden meistens unter *mehrfachen Süchten*. Wenn Arbeitssucht die primäre, unhinterfragte Sucht in der Firma ist, können wir sicher sein, daß sie durch Hintergrundsüchte unterstützt wird. In vielen Firmen sollen Alkohol und Essen die Mühsal anstrengender Arbeit mildern und die Leute für ihre zusätzlichen Anstrengungen belohnen. Manche Organisationen haben eine Suchtbeziehung zu bestimmten Lieferanten und weigern sich auch dann, diese aufzugeben, wenn sich qualifiziertere und ökonomischere Alternativen anbieten. Die Sucht nach Geld geht Hand in Hand mit Arbeitssucht. Die zwanghafte Ausrichtung auf den Gewinn und die primäre Stellung, die der Profit einnimmt, ohne daß auf Produktqualität und Menschen Rücksicht genommen wird – das alles trägt zum Suchtcharakter der Organisation bei.

Fast sämtliche arbeitssüchtige Organisationen praktizieren die ein oder andere Form von Verleugnung. Diese kann sich entweder im Brüsten mit der Produktivität zeigen, wobei über die Auswirkungen auf die Menschen Stillschweigen bewahrt wird, oder man ›frisiert‹ finanzielle Daten, damit sie besser aussehen, als sie wirklich sind. Man macht *unehrliche* Aussagen über die Produkte und deren Rang im Vergleich zu Konkurrenzunternehmen. Wie das arbeitssüchtige Individuum, das mit seiner *Selbsteinschätzung* zu kämpfen hat, kann auch die Organisation Schwierigkeiten haben, sich ehrlich zu betrachten. Solche Organisationen übertreiben ihre Erfolge und grübeln über Fehler nach. Sie sind egoistisch, weil sie glauben, daß das gesamte Geschehen in der Weltwirtschaft und auf ihren eigenen Absatzmärkten einen direkten Angriff auf sie darstellt.

Arbeitssüchtige Organisationen *verurteilen* sich selbst. Sie zeigen eine Überreaktion auf Veränderungen und sehen in jedem Wechsel eine Krise statt eine Chance. Organisationen mit zwanghaften Zügen orientieren sich nach außen, um interne Abläufe zu verstehen. Statt selbst die Verantwortung zu übernehmen, halten sie häufig nach anderen Ausschau, denen sie Vorwürfe machen können. Arbeitssüchtige Organisationen sind *strafende* Organisationen, und für die Individuen ist es gefährlich, Fehler zuzugeben. Die Folge ist, daß alle sich gegenseitig Vorwürfe machen. Weiter sind für arbeitssüchtige Organisationen *äußere Maßstäbe* die einzigen Kriterien für Erfolg. Sich gut fühlen heißt, Aufgaben gut erledigen. Innerhalb dieses Rahmens ist jedes Lernen eingleisig und mißt sich immer nur an äußeren Erfolgen.

Arbeitssüchtige Organisationen *entspannen sich nie*. Sie weigern sich, einen Schritt zurückzutreten, um ihre Richtung einzuschätzen oder neu zu überdenken. Sie fühlen sich ständig gehetzt. Die Angestellten witzeln, sie würden halbtags arbeiten – von acht Uhr morgens bis acht Uhr abends. Erfolg beurteilen arbeitssüchtige Organisationen danach, ob etwas anders und neu ist. Kürzlich trug ein Mann in unserer Trainingsgruppe ein T- Shirt, auf dem geschrieben stand: »Wenn du am Rande der Klippen stehst, heißt Fortschritt, einen Schritt zurückzutreten.«

Das würde die arbeitssüchtige Organisation nicht verstehen. Sie befindet sich häufig im *Krisenzustand*. Tatsächlich ist die Krise in diesen Unternehmen ein Lebensstil. Krisen werden regelrecht dazu benutzt, die üblichen Firmenregeln außer Kraft zu setzen und Leuten zusätzliche Anstrengungen abzuringen. Anfangs treten Krisen noch sporadisch auf. Aber in dem Maße, wie die Firma weiter in der Arbeitssucht versinkt, werden Krisen zum wesentlichen Bestandteil des normalen Produktionsablaufs. Die Leute fangen an, Krisen im Geiste als das Übliche zu betrachten – »so läuft es hier nun einmal«. Für diese Organisationen ist die Krise nur eine Form von Kontrolle. Kontrolle durchdringt die ganze Firma. Das arbeitssüchtige Tempo bestimmt den Arbeitsstil der Mitarbeiter; die unrealistischen Abgabetermine bestimmen die Qualität der Leistungen; und schließlich bestimmt die ganze Strapaze das Endprodukt. Und das alles führt letztendlich zur *perfektionistischen* Organisation.

Ich glaube sagen zu dürfen, daß viele von uns sich wünschen, amerikanische Unternehmen mögen mehr Qualitätsware produzieren, aber der Weg dorthin führt sicherlich nicht über den Perfektionismus. Die perfektionistische Organisation erlaubt kein menschliches Aufblühen. Arbeitsvorgänge werden ständig wiederholt, bis sie so gerade eben richtig sind. Selten unterscheidet die arbeitssüchtige Organisation zwischen Projekten, die man »so und nicht anders« machen muß, und solchen, die man sich selbst überlassen kann. Die Randspalte für Korrekturen ist außerordentlich schmal.

Und schließlich gibt es in arbeitssüchtigen Organisationen wenig zwischenmenschliche *Nähe*. Die meisten Beziehungen sind oberflächlich. Gefühle sind nicht erlaubt und werden selten offen gezeigt. Als Ausnahmen gelten Angst und Ärger, die eingesetzt werden, um andere einzuschüchtern und zu motivieren.

Die verschiedenen Formen von Arbeitssucht in Organisationen

Einige Organisationen zeigen ganz ausgeprägte Formen von Arbeitssucht. Insgesamt gesehen ist der am meisten vorherrschende Typ die *zwanghafte, schonungslose, gehetzte* Organisation. Ihr Führungsstil und ihre Personalpolitik zielen darauf ab, aus Menschen mehr herauszuholen, indem diese mit einer endlosen Reihe von Aufgaben auf Trab gehalten werden.

Andere Organisationen sind vergleichbar mit Menschen, die *Arbeitsanfälle* haben. Organisationen, die sich kurzfristigen Zielen widmen, verhalten sich oft wie ein Arbeitssüchtiger, der einen Arbeitsanfall hat. Einige Organisationen gehen eine Zeitlang normal vor, um dann plötzlich ohne Rücksicht auf Verluste neue Projekte zu verfolgen. Ein Beispiel dafür ist eine Sonderschule, die ihren Lehrplan über die Jahre hinweg sorgfältig entwickelt hatte. Dann wurde ein neuer Direktor eingestellt, ein dynamischer Workaholic, der die ganze Schule zu einer Reihe von verheerenden Arbeitsanfällen mitriß. Er selbst stürzte sich auf die Fächer Sport und Naturkunde im freien Gelände. Er überzeugte das Kollegium davon, daß der Naturkundeunterricht in dieser Form den

Kern des Lehrplans bilden sollte. Mehrere Jahre lang lag auf diesem Fach die Hauptbetonung; aber statt eine begrüßenswerte Ergänzung zu den anderen Fächern zu sein, machte Naturkunde im Freien bald den ganzen Lehrplan aus. Außerdem waren alle so sehr damit beschäftigt, die Ausflüge heil zu überstehen und sich davon zu erholen, daß sie sich nur selten den Konflikten untereinander oder mit dem Direktor stellten. Noch mußten sie sich der Plackerei und Disziplin von Lehrfächern aussetzen, die mit weniger Aktivität verbunden waren. Drei Jahre später sprang die Arbeitswut des Direktors auf das Fach Ernährungswissenschaft über, und er versuchte, die Schule entsprechend zu leiten. An diesem Punkt wachten einige Mitglieder des Lehrkörpers auf. Sie intervenierten, und das gab dem Direktor die Möglichkeit, sich mit seiner Arbeitssucht zu konfrontieren, wodurch die ganze Schule zu einer ausgewogeneren Haltung zurückfand.

Man würde meinen, daß eine *chronisch arbeitsunlustige* Organisation schnell aus dem Geschäft gerät. Tatsächlich habe ich beobachtet, wie eine solche Firma mächtig zu kämpfen hatte, um sich über Wasser zu halten. Organisationen mit chronischer Arbeitsunlust verbringen unmäßig viele Stunden mit der Planung, wie um die eigentliche Arbeit zu vermeiden. Eine Baufirma aus dem Nordwesten ging auf diese Weise vor. Die Firma widmete sich dem Bau energiesparender Wohnungen. Sämtliche Mitarbeiter waren zugleich Eigentümer der Firma. Zuerst verbrachte die Gruppe sechs Wochen damit, ihren Auftrag theoretisch auszuarbeiten und einen Finanzplan zu erstellen. Obwohl die Mitglieder der Gruppe zusammenarbeiten wollten, gingen sie in Wirklichkeit Konflikten aus dem Weg, statt sie miteinander auszutragen. Ein Nebenprodukt ihres Vermeidungsverhaltens war ein acht Seiten langes Papier über die Richtlinien der Firma, das sie zusammen erstellten, statt sich auf wenige praktische Prinzipien zu beschränken. Interne Zwiste bestanden fort, und die Folge war, daß sie sich durch neue Aufträge zu Leistungen gedrängt fühlten und oft ihre Abschlußtermine nicht einhalten konnten. In dieser Situation sandten sie geschlossen einen Hilferuf an das gesamte Unternehmen aus, und machten sich damit vor, daß sie gut zusammenarbeiten könnten, wenn sie müßten. Das Unternehmen steht noch heute auf wackeligen Beinen. Es war nie so ertragreich, wie es sein könnte, weil die Mitglieder darauf bestehen, lieber ihre Richtlinien neu zu überarbeiten, statt die Bauvorhaben voranzutreiben.

Arbeitssüchtige Organisationen, die von einem heimlichen Arbeitsstil geprägt sind, haben immer noch ein Projekt mehr auf Lager. Während der heimliche Arbeiter seinen Arbeitsvorrat versteckt, kommt die Organisation auf mysteriöse Weise immer wieder mit Projekten an, mit denen die Angestellten nicht gerechnet haben. In heimlich arbeitenden Firmen beschweren sich die Mitarbeiter darüber, daß ihre Arbeitsplatzbeschreibung selten sämtliche Tätigkeiten enthält, die von ihnen erwartet werden. Viele Menschen in helfenden Berufen müssen feststellen, daß die Nebentätigkeiten, die mit ihrer Stelle verbunden sind, oft mehr Zeit in Anspruch nehmen, als die Arbeit selbst.

Selbst Unternehmensberater lassen sich von der Krankheit der heimlich arbeitenden Organisation anstecken. Einmal wurde ich engagiert, um für den Vorsitzenden einer Firma eine Arbeitsplatzbewertung zu erstellen. Im Verlaufe meiner Arbeit vertraute mir das Bewertungskomitee an, es habe außer dem Bewertungsplan noch eine weitere Aufgabe für mich. Ob ich, so lange ich in der Firma sei, bei einem schon lange bestehenden Konflikt zwischen zwei Managern vermitteln würde? Leider wurde diese Bitte zu einer Zeit an mich gerichtet, als ich noch nicht begonnen hatte, von meiner Co-Abhängigkeit zu genesen. Ich war so glücklich, daß man mich darum bat, und so entschlossen, ihnen zu gefallen, daß ich ihrem Wunsch natürlich zustimmte. Zu spät entdeckte ich, daß der Konflikt zwischen den Managern eine sehr viel schwierigere Aufgabe darstellte, als der Bewertungsplan. Sie erforderte Zeit, Energie und Überlegungen, die ich rechtmäßig eigentlich in den Auftrag hätte stecken sollen, für den ich engagiert worden war. Ich machte mich total fertig, und wahrscheinlich leistete ich in beiden Bereichen nur halbe Arbeit. Das war eine Lektion, die mich teuer zu stehen kam, und die auch der Organisation auf lange Sicht gesehen nicht geholfen hat.

Wie das arbeitssüchtige Individuum weisen auch Organisationen einen, mehrere oder sämtliche dieser typischen Züge und Formen von Arbeitssucht auf. Viele dieser Praktiken betrachten wir als ›normal‹, als übliches Vorgehen in der Geschäftswelt. Da ich in suchtkranken Organisationen arbeite, kann ich sehen, daß das, was wir ›normal‹ nennen, in Wirklichkeit der Krankheitsverlauf des Suchtsystems ist, der, wenn er in Form von Arbeitssucht auftritt, noch schwerer zu erkennen ist. Trotzdem nimmt bei den Angestellten das vage Gefühl zu, daß irgend etwas nicht stimmt. Selbst wenn sie nicht mit Worten ausdrücken können, was geschieht, verspüren sie ein Unbehagen. Diese Ahnung ist der Anfang davon, daß wir die arbeitssüchtige Organisation und ihre zahlreichen verschiedenen Ausprägungen dann allmählich immer konkreter benennen können.

Allen Mythen über Arbeitssucht auf den Leim gehen

Arbeitssüchtige Organisationen sind dermaßen tief in den Suchtprozeß verwickelt, daß sie sämtlichen Mythen über Arbeitssucht Glauben schenken. Sie glauben, Arbeitssucht sei für die Firma profitabel, und deswegen belohnen und ermutigen sie arbeitssüchtiges Verhalten. In den firmeninternen Rundschreiben werden »die glücklichen Workaholics« groß herausgebracht. Organisationen glauben, Arbeitssucht sei eine positive Form von Sucht, also schicken sie ihre Angestellten in Seminare, in denen ihnen beigebracht wird, ihre Produktivität zu steigern. Sie glauben, daß Arbeitssucht sich nur auf den Arbeitssüchtigen selbst negativ auswirkt, also privatisieren sie die Krankheit, indem sie total erschöpfte Angestellte zu Einzelberatungen schicken. Sie sehen im totalen Zusammenbruch einzelner Mitarbeiter kein Symptom für die gesamte Firma. Sie glauben, man könne Arbeitssucht mit Entspannungsübungen beikommen, also heuern sie Gymnastiklehrer an und veranstalten Seminare über den Umgang mit Streß. Sie glauben, daß Arbeitssucht nur hochgestellte leitende Angestellte befalle, also gilt das Vorrecht, die Angebote für Streßabbau wahrzunehmen, zumeist nur für diese Zielgruppe. Sie glauben, daß niemand jemals an schwerer Arbeit gestorben sei, also entwickeln sie routinemäßig Arbeitsplatzbeschreibungen, die das Leistungsvermögen der Inhaber dieser Arbeitsplätze total überschreiten.

Die Ökonomie der Arbeitssucht

Arbeitssucht ist eine heimliche Krankheit, die in Unternehmen erst in jüngster Zeit beim Namen genannt wird, deswegen ist es auch schwer, exakte Daten über die wirtschaftlichen Folgen von Arbeitssucht zusammenzutragen. Laut Einschätzung vieler leitender Regierungsbeamter und Manager jedoch verursacht diese Krankheit erhebliche Kosten.

Es liegt auf der Hand, daß übermüdete Mitarbeiter mehr Fehler machen, mehr Zeit brauchen, um Fehler zu beheben, und häufiger Unfälle bauen. Je technischer die Arbeit, desto höher die Wahrscheinlichkeit, daß die Arbeitssucht sich als ›psychologische Störung‹ äußert, wie zum Beispiel als Depression oder weiteres Suchtproblem. Laut Aussage des ›National Council on Compensation Insurance‹ (etwa: ›Nationaler Zusammenschluß von Versicherungen für Entschädigung bei Arbeitsausfall‹, Anm.d.Ü.) gehören psychische Probleme zu den Beschäftigungskrankheiten, die seit 1980 am schnellsten zunehmen.

Streß, ein Nebeneffekt von Arbeitssucht, ist in den USA für 14 Prozent der Beschäftigungskrankheiten verantwortlich – das ist gegenüber knapp 5 Prozent im Jahre 1980 ein deutlicher Anstieg. Immer häufiger kommt es heute vor, daß die Mitarbeiter von Firmen ihr Unternehmen wegen streßbedingter Krankheiten verklagen. Paul Rosch, Vorsitzender des amerikanischen ›Institute for Streß‹, sagt, daß vor zehn Jahren kaum einer von diesen Klägern – außer für körperliche Leiden – eine Entschädigung gezahlt bekommen hätte. Jetzt steigt die Anzahl von Entschädigungsforderungen ständig. »Da es inzwischen entsprechende Präzedenzfälle für diese Entschädigungen gibt«, sagt Rosch, »kann die Situation nur noch schlimmer werden.«

Und dann das Thema Produktivität. Der Beweis dafür, daß die Produktivität von Mitarbeitern in dem Maße steigt, wie sie sich abmühen, steht noch aus. Offensichtlich ist genau das Gegenteil der Fall. Der Direktor eines mittelgroßen Elektronikunternehmens berichtete, wie er mit einem arbeitssüchtigen Angestellten umgegangen sei. Dieser hatte darauf beharrt, täglich zwölf Stunden zu arbeiten. Vergebens versuchten seine Vorgesetzten, ihn davon abzuhalten, denn seine Arbeitssucht trieb ihn zu seiner exzessiven Tätigkeit. Schließlich griff der Direktor zu drastischen Maßnahmen und nahm dem Mann die Firmenschlüssel weg. Um 17 Uhr wurde er im wahrsten Sinne des Wortes aus dem Hause ausgeschlossen. Anfangs war der Angestellte verstimmt und wirkte verloren und verwirrt. Nach zwei Wochen jedoch bemerkte der Direktor, daß der Angestellte in seiner vierzig-Stunden-Woche produktiver war, als bei sechzig Wochenstunden. Seine Produktivität ist konstant höher geblieben, was sowohl dem Mitarbeiter als auch der Firma gut tut.

Die Prognosen für Organisationen, die auffallend viele Workaholics auf ihrer Lohnliste verzeichnen, sehen nicht gut aus. Aber es gibt Anlaß zur Hoffnung. Arbeitssucht ist eine Krankheit, deren zugrundeliegende Suchtstruktur erforscht ist und die sich gut behandeln läßt. Organisationen, die anfangen, sich diesem Problem zu stellen, können auf völlige Genesung hoffen – eine Aussicht, die für viele andere Krankheiten nicht gilt.

Sollte es möglich sein, einen Weckruf an die Unternehmenswelt auszusenden, dann tue ich das hiermit: Arbeitssucht ist eine tödliche Krankheit. Die Last der Heilung kann nicht nur dem arbeitssüchtigen Individuum aufgebürdet werden. Natürlich muß der einzelne die Verantwortung für sein Leben und sein Handeln übernehmen; aber Organisationen tragen ebenfalls Verantwortung für die Krankheit. In dem Maße, wie sie die Arbeitssucht fördern und unterstützen, sind Organisationen auch dafür verantwortlich, sich zu heilen und gesunde Arbeitsplätze zu schaffen. Das Leben von Menschen hängt davon ab – und auch das der Gesellschaft.

10 Warum tun wir uns das an?

Ich befinde mich an Bord eines Frachtschiffes auf dem Nordatlantik, 1.200 Meilen weit weg von Antwerpen, und 1.500 Meilen entfernt von Montreal, meinem Bestimmungshafen. Wir sind auf ein Tiefdruck-Wettergebiet gestoßen. Dichter Nebel und Nieselregen hüllen unser gewaltiges Schiff ein. Wir rumpeln über Meeresschwellen und eilen weiter.

Ich befinde mich auf der Kommandobrücke, von wo aus das Schiff gesteuert wird. Ich starre in die undurchdringlich graue Luft und sinniere über das Thema Arbeitssucht. So wie der Nebel das Schiff einhüllt, scheint auch diese Krankheit vom dichten Schleier der Verleugnung umgeben zu sein.

Ich stehe dort, während das Grau sich in die Dunkelheit des Abends verwandelt, und stelle mir die Frage, warum wir als Gesellschaft so lange brauchen, um laut auszusprechen, daß Arbeitssucht eine tödliche Krankheit ist. Warum ist diese Sucht so lange im Verborgenen geblieben? Warum wurde nicht darüber gesprochen? Warum wurde sie nicht ernst genommen? Sie ist so allgegenwärtig, und wir schweigen still... wir leisten der Krankheit Vorschub, wenn wir sie geheim halten.

Dann fällt mir ein Experiment mit Fröschen ein: Wenn man einen Frosch in einen Topf mit kochendem Wasser setzt, springt er sofort heraus. Aber wenn man einen Frosch in einen Topf mit kaltem Wasser setzt und das Wasser dann langsam bis zum Siedepunkt erhitzt, bleibt das Tier in dem Topf, bis es stirbt. Ich glaube, das ist eine gute Metapher für die Arbeitssucht in unserer Gesellschaft.

Da Arbeitssucht normal geworden ist und heute in der Gesellschaft allgemein anerkannt wird, realisieren wir nicht, daß wir uns in einem Topf befinden, der den Siedepunkt erreicht. Darüber hinaus besteht ja das Wesen des Suchtprozesses gerade darin, uns zu betäuben und unsere Wahrnehmung für den Suchtverlauf zu trüben. Je länger sich also der Topf erhitzt (das heißt, die Sucht anhält), desto unwahrscheinlicher wird es, daß wir an die nötigen Mittel herankommen (die Geistesgegenwart haben), die uns helfen auszusteigen.

Sozialforschern fällt zunehmend auf, daß unser Abstand zu unserem eigenen Dilemma immer größer wird. Sie machen uns deutlich, warum wir die Arbeitssucht so bereitwillig tolerieren.

Die am besten informierte Autorin zum Thema Sucht und Gesellschaft ist Anne Wilson Schaef. Sie lenkte unsere Wahrnehmung von der Sucht als einer ausschließlich individuellen Krankengeschichte zu der Tatsache, daß die gesamte Gesellschaft auf einem unterschwelligen Suchtprozeß beruht.[1] Dieser unterschwellige Suchtprozeß fördert die individuellen Suchterkrankungen und reicht zugleich darüber hinaus.

Schaef folgert aus ihren Beobachtungen, daß die Gesellschaft Suchterkrankungen nicht nur unterstützt, sondern aktiv fördert. Man muß sich nur Werbung und Schlager anhören oder die politische Szene verfolgen, um dies bestätigen zu können.

Die Futuristin Harlan Ellsion wies in einer Rede vor den Mitarbeitern großer Werbeagenturen auf etwas Ähnliches hin:

Ihre Kinder nehmen Drogen, und Sie haben sie dazu angehalten. Seit Jahren drücken Sie durch, daß im Fernsehen für Medikamente geworben wird: »Sie können nicht schlafen? Nehmen Sie eine Pille. Sie sind nicht glücklich? Nehmen Sie eine Pille.« Wo denn sonst sollten Menschen die Idee herhaben, es sei großartig, sich ins Auto zu setzen, mit einem Affenzahn loszudüsen und die Gegend unsicher zu machen. Sie haben ihnen das erzählt. Und wie sehr Sie auch den Launen Ihrer geistesgestörten Kunden ausgesetzt sein mögen, so regieren Sie doch die Welt. Sie haben die Zügel des mächtigsten Mediums der Welt in der Hand – des Fernsehens. Und die einzigen, die sich leisten können, im Fernsehen Werbung zu machen, sind diejenigen, deren Produkte auf dem Mark sowieso schon am meisten verbreitet sind.[2]

Schaef glaubt, daß der Suchtprozeß für die Gesellschaft zur Norm geworden ist. Nicht daß wir etwa eine Gesellschaft hätten, die relativ gesund ist und nur auf der einen Seite von einem kleinen Haufen gestörter Süchtiger angekratzt wird. Nein, die Gesellschaft als solche operiert auf der Grundlage einer illusorischen Realität, die zwar Realität genannt wird, in Wirklichkeit aber ein Suchtprozeß ist. Warum ist das so? Schaef sagt, weil der am besten angepaßte Mensch in unserer Gesellschaft derjenige ist, der weder tot noch lebendig ist – der Zombie, der Abgestumpfte.

Wenn Sie tot sind, können Sie nicht für die Gesellschaft arbeiten; sind Sie aber total lebendig, verweigern Sie sich vielen gesellschaftlichen Abläufen. Wenn Sie ganz lebendig sind, lassen Sie sich spüren, wie schmerzlich es ist, in einer Umgebung zu leben, in der wir unser Wasser und unsere Luft verpesten, die nukleare Vernichtung riskieren, oberflächliche Beziehungen haben und anderes mehr. Schaef stellt fest, daß wir in einer Gesellschaft leben, die unter der Last von Schmerz, Widersprüchen und innerer Leere leidet. Der Suchtprozeß, so meint sie, wirkt wie ein Puffer zwischen uns und diesen Gefühlen und sorgt dafür, daß wir damit nicht in Berührung kommen. Wie sind so beschäftigt mit unseren individuellen Süchten, daß wir uns tiefergehenderen Fragen gar nicht zuwenden müssen. Wir verlieren uns, und damit sind wir für die Suchtgesellschaft formbar.[3]

Lawrence Chickering weist in einem Artikel im *Wall Street Journal* auf den gleichen Punkt hin wie Schaef. Er glaubt, daß die Anti-Drogen-Politik in den USA zum Scheitern verurteilt ist, weil sie auf einer veralteten sozialpolitischen Sicht beruht, die die Schuld bei den Händlern sucht. Er argumentiert, daß die Strategie, für die die Regierung sich entschieden hat – die »rigorose kriminelle Verfolgung der Händler – das Herzstück der co-abhängigen Einstellung bildet, die bei uns die Anti- Drogen-Politik prägt und *verhindert, daß wir eine ersthafte Suchtpolitik entwickeln.*«[4] (Kursivierung v.d. Autorin) Dann kommt Chickering zur Hauptsache, und ich bezweifele, daß die Leser und Leserinnen des *Wall Street Journal* damit konfrontiert werden möchten:

Am wichtigsten jedoch ist die Tatsache, daß wir fast alle die noch viel beunruhigendere psychologische Frage ignorieren, und ich behaupte, sogar *verleugnen*: Warum eine große Anzahl von Menschen quer durch sämtliche soziale und ökonomische Schichten sich regelmäßig gegen die Erfahrungen ihres Alltagslebens betäubt.[5]

Das Unglück ist, daß sehr viele Menschen in ihrem Alltag Rassismus, Sexismus, Klassenunterschiede, Diskriminierung im Alter und als Erwachsene, Mißhandlung, Einsamkeit und Sinnlosigkeit erfahren.

Damit Individuen sich voll entfalten können, brauchen sie Liebe und Zuwendung. Das Suchtverhalten stellt die Anstrengung dar, die schmerzliche Realität zu verleugnen, daß sie nicht bekommen, was sie brauchen.[6]

Wenn eine Gesellschaft jemals auf der Suche nach der perfekten Sucht sein sollte, dann ist das die Arbeitssucht. Sie stellt die ideale Reaktion auf die suchtkranke Gesellschaft dar, denn sie ist die akzeptierte Form der Anpassung an eine geistig kranke Welt. So wie die einzelnen Familienmitglieder ihr Verhalten an das des aktiv Suchtkranken in der Familie anpassen, so paßt sich der Arbeitssüchtige an Organisationen und an die Gesellschaft an. Diese Anpassung kann dem außenstehenden Beobachter gesund und stabil vorkommen, ist aber nicht gleichzusetzen mit gesundem Verhalten, sondern stellt vor allem eine automatische Reaktion auf eine gestörte Situation dar.[7]

Die Co-Abhängigen innerhalb der Familie stehen gut da. Sie leiden geduldig. Sie setzen sich ein, wenn andere aussteigen. Sie sind zuverlässig und verständnisvoll. Leider werden Süchtige und gestörte Familien genau durch dieses Verhalten daran gehindert, voll auf die Nase zu fallen und sich die Hilfe zu holen, die sie brauchen.

In der Suchtgesellschaft ist der Workaholic sowohl süchtig als auch co-abhängig. Diese Menschen leiden an einer Krankheit, mit der sie suchtkranke Institutionen kontinuierlich unterstützen. Die Institutionen wiederum werden von Scharen von Arbeitssüchtigen getragen und nutzen diese aus, um mit ihren gestörten Arbeitsabläufen fortfahren zu können. Dieses Zusammenspiel ist so perfekt, daß es aussieht, als sei die Situation ausgewogen. Ist es da ein Wunder, daß Menschen, die von Suchtkrankheiten genesen, sich beim Betreten dieser arbeitssüchtigen Institutionen ernsthaft fragen, ob sie nicht verrückt sind? Tatsächlich würden ausländische Konkurrenzunternehmen, die sich in amerikanische Fabriken einschlichen und die Mitarbeiter mit einem betäubenden Nervengas besprühten, damit keine stärkere Wirkung erzielen, als der Verlauf der Arbeitssucht sie hat.

Die Gesellschaft braucht die Arbeitssucht zur Erhaltung des Suchtprozesses. Da es eine Tatsache ist, daß der Suchtprozeß heimtückisch, verwirrend, mächtig und ausdauernd ist, werden aus ihm sogar noch raffiniertere Formen von Sucht hervorgehen. Die Arbeitssucht ist mit Sicherheit eine davon.

Wie unsere Institutionen Arbeitssucht unterstützen

Arbeitssucht existiert nicht im luftleeren Raum. Sie nimmt konkrete Formen an und wird unterstützt. Drei unserer ›heiligen‹ Institutionen sind primäre Förderer der Krankheit: das Erziehungssystem, die Kirche und das politische System. Ich weiß, daß es noch viele andere gibt, aber ich glaube, daß diese drei einen wesentlichen Beitrag zur arbeitssüchtigen Ethik leisten, die sich von einer generellen Arbeitsmoral ganz grundlegend unterscheidet.

Das Erziehungssystem

Viele unserer Erziehungseinrichtungen sind so beschaffen, daß die dort lernenden Kinder wie besessen arbeiten müssen oder versagen. Erzieher schlagen Alarm angesichts der Tatsache, daß schon von den jüngsten Jahrgängen erwartet wird, daß sie sich als kleine Perfektionisten aufführen. Sie bemängeln, daß bereits die Kleinsten einen vollen Stundenplan haben. Die Folge ist, daß die Kinder weder lernen, ihre Zeit selbst zu gestalten, noch ihre eigenen Neigungen und Rhythmen zu respektieren. Sie reagieren ständig nur auf äußere Anforderungen.

Wir sollten uns zu Herzen nehmen, was in Japan passiert, wo die Kinder unter einem enormen Druck stehen, in die besten Schulen zu kommen, damit sie später in der besten Firma die richtige Stelle bekommen. In Japan ist die Selbstmordrate bei Teenagern am höchsten.

Arbeitssucht ist mit Sicherheit keine Sucht, die sich auf leitende Angestellte beschränkt. Kinder werden von der Vorschule an darauf hin trainiert. Das Zusammenspiel von äußerem Druck, Vergleichsdenken, einem größeren Arbeitspensum, als in der dafür vorgesehenen Zeit bewältigt werden kann, und erwachsenen Vorbildern, die hektisch und ständig in Eile sind – mit diesen typisch erzieherischen Maßnahmen und Zügen wird Kindern nahegelegt, das arbeitssüchtige Verhalten nachzuahmen. Außerdem gewinnen sie den Eindruck, daß Arbeitssucht normal ist. Arbeitssüchtige Erwartungen rufen bei kleinen Kindern einen enormen Druck hervor. Kein Wunder, daß der Drogen- und Alkoholkonsum bereits in so frühen Jahren beginnt. Die Qual harter Arbeit muß durch betäubende alkoholische Getränke oder aufputschende Drogen einen scheinbar seligmachenden Ausgleich finden. Unsere Erziehungseinrichtungen sehen sich nicht zuletzt deswegen wachsenden Schwierigkeiten gegenüber, weil Arbeitssucht die neue Form von Pädagogik ist.

Die Kirche

Heutzutage wird viel darüber debattiert, ob die Arbeitssucht ihre Wurzeln in der protestantischen Arbeitsethik hat. Ich bin nicht sicher, ob wir die Spur der Arbeitssucht bis zu theologischen Einstellungen hin zurückverfolgen können, denn ich glaube, daß Arbeitssucht Teil eines tiefer reichenden Krankheitsprozesses innerhalb der gesamten Gesellschaft ist. Ich überlasse diese Diskussion den Theologen. Wie immer die historischen Wurzeln der Arbeitssucht aber auch aussehen mögen, sie durchdringt unsere Gesellschaft und macht sich auch in der Kirche breit. Tatsächlich ist die

141

Form von Arbeitssucht, die in der Kirche anzutreffen ist, meiner Meinung nach die verführerischste Spielart der Krankheit.

Durch die Ausbildung ihrer Geistlichen und ihre generelle Praxis fördert die Kirche aktiv ein arbeitssüchtiges Verhalten. Der gute Christ oder Jude ist jemand, der hart für andere arbeitet und niemals aufrechnet, welchen Preis das ihm oder seiner Familie abverlangt. Tatsächlich halten viele Religionen die Verfolgung eigener Bedürfnisse für selbstsüchtig. Unzählige Pfarrer, Geistliche, Rabbiner und Nonnen haben gesagt, daß ihnen in ihrer Ausbildung die ausdrückliche Botschaft vermittelt wurde, sie hätten von Gott den ›Ruf‹ erhalten, anderen zu dienen. Sie wurden dem Dienen geweiht. Die eigenen Bedürfnisse sollen immer hinter denen von anderen zurückstehen. Ein anderes Verhalten läuft auf Blasphemie hinaus.

Die Vorstellung, berufen zu sein, ist für kirchliche Angestellte eine schwere Last, und mir sind viele Geistliche begegnet, die diese Bürde öffentlich bitter angeprangert haben. Sie erleben sie als theologisch sanktionierte Arbeitssucht, die auch von Gemeindemitgliedern uneingeschränkt unterstützt wird.

Von Pastoren und Rabbinern wird erwartet, daß sie sich und ihre Familien aufopfern. Die Kirche denkt sich nichts dabei, wenn sie von ihren Pfarrern verlangt, siebzig, achtzig oder sogar neunzig Stunden in der Woche zu arbeiten, auch wenn das Alban Institut davon ausgeht, daß fünfzig Wochenstunden das Maximum dessen seien, was ein Pfarrer an Arbeit leisten und dabei auch noch effektiv sein kann. Ich erinnere mich an ein Seminar für kirchliche Angestellte, in dem ich den Anwesenden einige meiner Ideen über Arbeitssucht vorstellte. Bei den Geistlichen stieß ich auf den größten Widerstand. Schließlich platzte einer von ihnen aufgebracht heraus: »Es ist nicht richtig, wenn ich mich für die Arbeit umbringe, aber es ist sehr wohl in Ordnung, wenn ich mein Leben Jesus Christus opfere.« Ich bat ihn, sich einmal zu überlegen, warum Gott eigentlich auf seine Arbeitssucht angewiesen sein sollte, und sich anzuschauen, was für ein Götzendienst *seine* Illusion von der eigenen Gottherrlichkeit war. Es versteht sich wohl von selbst, daß ich von dieser Gruppe nie wieder eingeladen wurde!

Ehepartner und Freunde von kirchlichen Angestellten leiden oft darunter, daß sie nur den kläglichen Rest an Energie bekommen, der ihren Lieben nach der Arbeit bleibt. Eine Pfarrersfrau berichtete von einer verbreiteten Erfahrung. Ihr Mann war ein bekannter Pfarrer in einer städtischen Kirche. Er führte sein Amt sehr erfolgreich und war beliebt bei den Menschen. Aber seine Frau hatte das Gefühl, ihn niemals richtig kennengelernt zu haben. Sie sagte, sie würde mehr über ihn erfahren, wenn er predigte, als wenn sie sich zu zweit gegenübersaßen. Dieser Pfarrer ließ Nähe nur in seiner Arbeit zu. Hier konnte er die Kontrolle behalten. Die Begegnungen mit seiner Frau hingegen konnte er nicht allein bestimmen. Sie brachte Dinge auf den Tisch, für die er nicht offen war oder bei deren Besprechung er sich unwohl fühlte. Er ging der Nähe mit ihr unter dem Vorwand aus dem Weg, er sei zu beschäftigt, und gab sich den Anschein, im Rahmen seiner kirchlichen Arbeit, wo er bestimmen konnte, wie andere ihn sahen, Nähe zuzulassen. Wenn man sowohl den Streß, der mit der kirchlichen Arbeit einhergeht, als auch die institutionelle Unterstützung berücksichtigt, die die Arbeitssucht in den Kirchen erfährt, ist es kein Wunder, daß bei uns in den USA Geistliche, Pfarrer, Rabbis und Nonnen die höchste Rate an Arbeitsunfähigkeit aufweisen.

Kirchliche Gruppierungen müssen sich fragen, ob sie von ihren Leitern erwarten können, daß diese kreativ sind und breit gefächerte Fähigkeiten haben, wenn ihnen keine Zeit für Studien, Lesen und noch nicht einmal für das Gebet bleibt. Keine dieser Aktivitäten wird wirklich als Arbeit betrachtet.

Die blinde Hingabe an das bloße Beschäftigtsein hält uns davon ab zu sehen, was in unseren Kirchen wirklich vor sich geht. Selbst Menschen, die süchtige Wohltäter sind, verlieren sich unter dem Vorwand aus den Augen, daß die Sache der Armen und Unterdrückten ihr selbstzerstörerisches Suchtverhalten rechtfertigt. Kirchliche Workaholics müssen die grundlegende Verleugnung in aller Aufrichtigkeit aufgeben und sich eingestehen, daß sie sich unter dem Deckmantel, anderen Gutes zu tun, selbst kaputt arbeiten.

Bei diesem Problem geht es für die Kirchen um die Frage, ob der Zweck die Mittel heiligt. Weil der Zweck darin besteht, ›Gutes zu tun‹, werden alle möglichen Aktivitäten unhinterfragt gerechtfertigt. Aber wenn das Mittel, mit dessen Hilfe der Zweck erreicht wird, eine Sucht ist, führt das schließlich zum Verlust jeglicher Spiritualität. Das ist einer der Gründe dafür, warum jede Sucht, und vor allem die Arbeitssucht, für die Kirchen so vernichtend ist. Religion mit arbeitssüchtigem Verhalten zu ›machen‹, heißt eben die Spiritualität angreifen, die die Kirche verheißt. Wie kann man für ein ›erfülltes Leben‹ plädieren und sich dabei zu Tode arbeiten?

Kein Geschäftsunternehmen verheißt Ihnen Ihr Seelenheil, sondern verspricht Ihnen ein Gehalt, Gewinnbeteiligung, Rente und – wenn es ein gutes Unternehmen ist – vielleicht auch einen gewissen Status. Die Kirche jedoch verspricht Spiritualität und wartet statt dessen mit Arbeitssucht auf.

Keine Kirchenbehörde würde einen Bewerber einstellen, der drogenabhängig ist. Warum dann einen Arbeitssüchtigen einstellen? Er leidet unter der gleichen Krankheit mit den gleichen Folgen und dem gleichen Verlust an Spiritualität. Aber die Kirchen stellen nicht nur ständig Arbeitssüchtige ein, sondern halten auch noch aktiv nach ihnen Ausschau. Und dann nutzen sie die Leute aus, statt sich ihr Suchtverhalten anzuschauen. Hier geht es um moralische Fragen, denen die Kirchen sich nicht stellen.

Ich glaube, daß die aktive Unterstützung der Arbeitssucht, die in den Kirchen verbreitet ist, sich auch auf die Kirchenmitglieder ausweitet, die natürlich verzweifelt darüber sind, weder in der Kirche noch in der Gesellschaft überhaupt eine Oase geistiger Gesundheit vorzufinden, einen Platz, der Spiritualität wirklich fördert. Darüber hinaus werden die Gemeindemitglieder durch die Theologie und das Vorbild der Kirchenangestellten in ihrer eigenen Arbeitssucht bestärkt.

Niemand ist vor dem Problem Arbeitssucht sicher. Vor 37 Jahren schrieb der Mönch Thomas Merton:

Ich bin eben der großen Unwürde verfallen, gegen die ich angeschrieben habe – ich bin ein Meditierer, der jeden Moment vor lauter Überarbeitung zusammenbrechen kann. Ich glaube, das ist eine Sünde, die ihre eigene Strafe enthält, aber jetzt muß ich diese zum Guten wenden und auf irgendeine Weise als Heiliger damit leben.[8]

Weil unsere Gesellschaft ein Suchtsystem ist, sind sämtliche Institutionen davon betroffen, und auch die Kirche ist von der Arbeitssucht nicht ausgenommen. Durch die Genesung von Arbeitssucht würde die Kirche sehr bereichert werden. Arbeitssüchtige sind große Kontrolleure und noch größere Perfektionisten – zwei Eigenschaften, die das Göttliche nicht hat. Stellen Sie sich vor, welchen Neuaufschwung die Kirche erleben könnte, wenn Menschen sie als einen Ort erleben würden, an dem sie Ruhe, Zuwendung und Gerechtigkeit erfahren, statt in eine Tretmühle hektischer Aktivität zu geraten.

Das politische System

Jedem, der etwas über den Suchtverlauf in Familien weiß, ist klar, daß wir in unserem politischen System der gleichen Verleugnung, Unaufrichtigkeit und Gestörtheit begegnen.

Das gesamte politische Geschehen ist ein Suchtprozeß, der unterstützt wird von Drogen-, Alkohol-, Geld-, Beziehungs- und Sexsucht, um nur ein paar Süchte aufzuzählen, und die Arbeitssucht prägt hier als vorherrschende Sucht fast sämtliche Aktivitäten.

Das arbeitssüchtige Individuum zum Beispiel ist auf kurzfristige Lösungen aus, auf den schnellen ›Schuß‹. Genau dieses Denken war auch typisch für die achtziger Jahre. Statt in die Zukunft zu investieren, und damit in Erziehung, Forschung, Umwelt und Infrastruktur, erlebten wir eine angebotsorientierte Wirtschaftspolitik, Sabotage, Waffenlieferungen an den Iran, finanzielle Manipulationen und Haushaltsdefizite. Die Folge ist, daß die Umweltverschmutzung zum lebensbedrohlichen Problem wird und unser Erziehungssystem rückständig ist.

Arbeitssucht ist eine fortschreitende und tödliche Krankheit. Was ist das Wettrüsten anderes als ein wachsender Wahnsinn? Workaholics machen sich durch ständige intensive Anstrengungen kaputt. Die Folge ist, daß sie ihre wirklichen Prioritäten aus den Augen verlieren. Und genauso sieht auch die Geschichte unseres Rüstungswahns aus.

Kurt Vonnegut nennt die Rüstungsbesessenen ›Waffenjunkies‹.
Er sagt:

Ich bin davon überzeugt, daß es unter uns Menschen gibt, die auf tragische Weise auf Kriegsvorbereitungen fixiert sind. Wenn man diesen Leuten sagt, daß es Krieg geben wird und sie sich darauf vorbereiten müssen, werden sie so glücklich sein wie ein Trinker mit seinem Sektfrühstück oder ein Spielsüchtiger, der seinen Gehaltsscheck beim Roulette einsetzt.[9]

Vonnegut sagt weiter, daß wir alle zu dieser Tragödie beigetragen haben, indem wir die Krankheit ignoriert haben. Die Folge ist, daß wir Menschen Macht übertragen haben, von denen wir nicht wußten, daß sie krank sind. Aber genau das ist ein typisches Beispiel für die schrecklichen Folgen der Arbeitssucht. Weil *wir süchtig sind*, geben wir die Macht an Menschen ab, die so sind wie wir selbst. Wir verlieren unser Urteilsvermögen und fühlen uns im Umfeld der Krankheit Zuhause.

Und was ist mit der Drogenpolitik? Ich glaube, daß unser Umgang mit Drogen deswegen zum Scheitern verurteilt ist, weil wir Lösungen anstreben, die selber wiederum vom Suchtprozeß geprägt und damit arbeitssüchtige Lösungen sind. Hierzu ein paar Beispiele: Es fällt Arbeitssüchtigen schwer, Prioritäten zu setzen, also starten sie mehrere Projekte gleichzeitig, die sich gegenseitig behindern. Sie haben die Fähigkeit verloren zu unterscheiden, was wirklich wichtig ist. Die gleiche Denkverwirrung macht es möglich, daß die Regierung die Tabakindustrie unterstützt, die in den USA für jährlich 390.000 Tote verantwortlich ist, und gleichzeitig die Krebsforschung ins Leben ruft. Die Forschungsinitiative für Lungenkrebs ist reine Augenwischerei, denn die Fakten stehen bereits fest: Lungenkrebs kann verhindert werden, wenn Sie mit dem Rauchen aufhören.

Süchte sind Systemkrankheiten, deswegen können sie im Kampf der Interessen eingesetzt werden. Die Sucht stumpft unsere Gefühle und unsere Wahrnehmung ab. Was würden die Obdachlosen in unseren Innenstädten tun, wenn sie den Schmerz darüber, ohne Wohnung und ohne Arbeit zu sein, wirklich spüren würden? Ich glaube, sie wären wütend, und die Innenstädte würden in Flammen aufgehen. Für diejenigen, die das gegenwärtige Machtungleichgewicht erhalten möchten, ist eine Bevölkerung, die durch Drogen betäubt ist, leichter zu manipulieren, als wache und aufgebrachte Menschen.

So sieht Arbeitssucht im Rahmen des Sozialstaats aus: Unsere Lösungsversuche von Drogenproblemen sind arbeitssüchtige Versuche, denn wir bezwecken mit unseren Anstrengungen, uns von der Lösung dieser Probleme abzuhalten.

Ineffektives Handeln ist ein typisches Merkmal für die arbeitssüchtige Gesellschaft. Auf eine ganz konkrete Weise versuchen wir, die eine Sucht mit der anderen zu bekämpfen. Krankheit trifft auf Krankheit und hinterläßt dabei, wie die Kräfte, die in einem Wirbelsturm zusammenfließen, nichts als Zerstörung.

Viele Arbeitssüchtige beschreiben, wie sie sich bei ihrer Arbeit total bemühen und abhetzen und dabei trotzdem das Gefühl haben, immer mehr ins Hintertreffen zu geraten. Und genau das ist unsere Erfahrung mit dem Kampf gegen Drogen. Unsere fieberhafte Aktivität vermittelt uns die Illusion voranzukommen und macht uns blind dafür, daß wir noch nicht einmal auf der Stelle treten, sondern uns rückwärts bewegen.

In den Genesungsprogrammen der Zwölf-Schritte-Gruppen heißt es, daß Suchterkrankungen fortschreitende Prozesse sind, bei denen es so etwas wie Stillstand nicht gibt. Wir gehen entweder vorwärts oder rückwärts. Ich glaube, daß ist auch der Fall mit dem Drogenproblem in unserer Gesellschaft: Es ist ganz offensichtlich, daß es uns aus der Hand gleitet. Unglücklicherweise scheint das gesamte politische Geschehen im Suchtprozeß wie im Sumpf festzustecken. Arbeitssucht als Heilmittel (»arbeite mehr, um die Dinge auf die Reihe zu bekommen«) ist genau die falsche Medizin, die in Wirklichkeit bewirken wird, daß wir noch tiefer sinken.

Aus dieser totalen Integration der Arbeitssucht in unsere Gesellschaft ergibt sich ein vollständiges Hologramm, das aus Individuum, Familie, Organisation und Gesellschaft besteht. Diese Elemente spiegeln sich nicht lediglich gegenseitig wider, sondern das eine *ist* tatsächlich das andere. Arbeitssucht ist deswegen eine tödliche, gefährliche Krankheit, weil das Individuum sich damit in jeder Richtung wohlfühlen kann und akzeptiert wird. Es stößt mit dieser Krankheit nirgends an. Es kann sich damit ›normal‹ fühlen und ist innerhalb einer suchtkranken Gesellschaft voller Illusionen auch tatsächlich ›normal‹.

Je länger der Suchtprozeß in der Gesellschaft unbenannt bleibt, desto raffinierter wird er und desto trickreicher verläuft die Krankheit. Ich glaube, Arbeitssucht ist ein deutliches Barometer für die Raffinesse der Krankheit. Die Integration der Arbeitssucht in unsere wichtigsten Institutionen – Erziehung, Kirche und Politik – zeigt deutlich, wie mächtig sie ist.

Das arbeitssüchtige Denken ist bei uns so vorherrschend, daß es die Genesung von dieser sowie von jeder Suchtkrankheit ziemlich erschwert. Für die Arbeitssucht gilt, daß sie in der Gesellschaft sehr viel aktive Unterstützung erfährt, während die Genesung hingegen kaum oder gar nicht gefördert wird.

Es gibt noch eine weitere Folge der Arbeitssucht, an die wir nur selten denken. Weil Arbeitssucht uns beschäftigt hält, bleiben wir uns in unserem innersten Wesen fremd. Und ein Aspekt dieser Entfremdung ist, daß wir aufhören uns zu fragen, ob wir die richtige Arbeit tun. Widmen wir uns tatsächlich der Aufgabe oder folgen der Berufung, die unsere ist? Tut sie uns ebenso gut wie unserer Familie und dem gesamten Universum? Ich glaube, die sozialen Implikationen der Arbeitssucht sind, daß wir uns diese Fragen aus zweierlei Gründen nicht stellen: (1) Wir gehen nicht unserer wahren Arbeit nach; und (2) in unserer Gesellschaft haben nur wenige Menschen die Möglichkeit, die Arbeit zu verrichten, die ihnen wirklich entspricht. In einer Suchtgesellschaft kann man es sich nicht leisten, diese Fragen zu stellen. Denn wenn jeder tun

würde, was er wirklich tun möchte, dann – so glaubt die suchtkranke Gesellschaft – bliebe viel Arbeit ungetan.

Auch wenn wir utopische Visionen ganz aus dem Spiel lassen,
bleibt die simple Tatsache bestehen, daß die Arbeitssucht uns
davon abhält, dem Beruf nachzugehen, der für uns und andere der
richtige ist. Allein dieser Umstand hat enorme soziale Folgen.

11 Genesung

Allgemeine Überlegungen

Bevor ich anfange, die Genesung von Arbeitssucht zu beschreiben, möchte ich einige allgemeine Gedanken darlegen, die wir – wie ich glaube – im Verlaufe unserer Genesung ständig im Kopf behalten müssen.

Arbeitssucht ist eine Krankheit

Wenn Sie dieses Buch bis hierher gelesen haben, werden Sie inzwischen wissen, daß ich Arbeitssucht für eine Krankheit halte. Ich gehöre weder zu den Autoren und Autorinnen, die sie für einen interessanten Aspekt der Typ A Persönlichkeit halten, noch sehe ich darin wie andere eine Tugend, in der wir uns lediglich gelegentlich etwas mäßigen müssen.

Arbeitssucht ist eine Krankheit, die ausbricht, fortschreitet und endet. Sie ist offensichtlich sowohl eine Verhaltenssucht (auf den Arbeitsprozeß bezogen) als auch eine Suchtmittelabhängigkeit (auf den hohen Adrenalinspiegel bezogen). Das Hochgefühl ist chemisch und emotional bedingt, und der Arbeitssüchtige verspürt den Impuls, es ständig zu intensivieren, bis schließlich eine fortschreitende Betäubung einsetzt. Diese Betäubung blockiert unsere Fähigkeit, unsere körperlichen und psychischen Bedürfnisse klar wahrzunehmen und beeinträchtigt unser Urteilsvermögen. Wird Arbeitssucht nicht behandelt, führt sie schließlich zum Tod.

Es ist wichtig, sich bei der Genesung daran zu erinnern, daß wir es mit einer Krankheit zu tun haben. Wir sind keine schlechten

Menschen, weil wir diese Krankheit haben. Es stimmt, daß wir in unserer Krankheit schädliche Dinge tun, aber wir sind nicht identisch mit der Krankheit.

Die Form der Genesung ist einzigartig

Bei Drogen- und Alkoholabhängigen ist Abstinenz für die Genesung ganz wesentlich. Für die meisten Arbeitssüchtigen steht totale Abstinenz nicht zur Debatte. Wie Eßsüchtige zum Essen, müssen Arbeitssüchtige vom ersten Tag ihrer Genesung an eine gesunde Beziehung zum Arbeitsprozeß entwickeln. Der Arbeitssüchtige kann bei vielen Aspekten der Arbeitssucht Abstinenz üben – Hetze, Geschäftigkeit, das übertriebene Helfen und Sorgen, um nur einige wenige aufzuzählen. Aber die wenigsten Menschen können einfach aufhören zu arbeiten. In dem Maße, wie ihr Beruf die Droge ist, müssen Arbeitssüchtige ein sehr sorgfältig geplantes Genesungsprogramm für sich entwickeln, das diese ständige ›Versuchung‹ mit berücksichtigt. Ich glaube, genau aus diesem Grunde ist die Genesung von Arbeitssucht so extrem schwierig. Sie erfordert sowohl Unterstützung, Vorsicht und Behutsamkeit als auch eine realistische Einschätzung der möglichen Fallgruben.

Eine Systemkrankheit mit individueller Verantwortlichkeit

Ich bin davon überzeugt, daß Arbeitssucht sowohl eine Systemkrankheit als auch ein individuelles Leiden ist. Ich glaube jedoch nicht, daß wir, nur weil das System krank ist und die arbeitssüchtigen Individuen Opfer dieses Systems sind, dem ›Opfer Vorwürfe machen‹, wenn wir uns auf das Individuum konzentrieren. Ganz gleich, welche Erfahrungen wir in unseren gestörten Familien oder Organisationen gemacht haben, das Leben, das wir jetzt leben, ist unser Leben. Wir tragen die Verantwortung für unsere Genesung. Es stimmt, daß auch die Organisationen für ihre Genesung sorgen müssen. Aber bevor nicht ein wesentlicher Prozentsatz der Bevölkerung den Weg zur eigenen Genesung einschlägt, schaffen wir nicht genug Klarheit, um die organisatorische Genesung zu unterstützen. Ich habe festgestellt, daß auch Organisationen gesünder werden, wenn Individuen ihre Genesung antreten. Systeme müssen genesen, und Individuen müssen genesen. Wenn Systeme nicht genesen, ist das aber für Individuen keine Entschuldigung, weiter krank zu bleiben.

Ein ganzheitlicher Rahmen

Wir können von der Genesung von Arbeitssucht sehr viel lernen. Ich schätze mich glücklich, daß ich dieses Buch erst geschrieben habe, nachdem die Anonymen Arbeitssüchtigen ihre Gruppen gegründet haben, denn damit steht uns außerdem noch die Weisheit eines erprobten Genesungsprogrammes zur Verfügung. Arbeitssucht bringt unser Leben dermaßen aus dem Gleichgewicht, daß es von grundlegender Bedeutung ist, an die Genesung ganzheitlich heranzugehen. Die Genesung sollte sich auf den Körper, die Emotionen, den Geist und die Spiritualität des betroffenen Menschen beziehen, und dieser sollte bereit sein, sich selbst, seine Familie, seine Arbeit und anderes mehr einer gründlichen Inventur zu unterziehen.

An dieser Stelle möchte ich etwas über Selbsthilfetechniken sagen. Das gleiche Unbehagen, das ich bei Selbsthilfebüchern empfinde, die die soziale Dimension von individuellen Problemen nicht mit einbeziehen, habe ich auch bei Genesungsmethoden. Ich glaube, daß wir zur Unterstützung unserer Genesung ein Rahmenprogramm brauchen, dem wir folgen können und an das wir uns halten müssen, weil sich unsere bisherigen eigenen Anstrengungen als nutzlos erwiesen haben. Das ist aber etwas anderes, als blind irgendwelche Methoden zu befolgen, durch deren Anwendung viele von uns in Wirklichkeit dem Suchtprozeß verhaftet bleiben. Ein Beispiel dafür ist eine Frau, die sagte, es sei ihr in keinster Weise bewußt gewesen, daß sie sich überarbeitete und ihren eigenen Gefühlen entfremdet war. Sie spürte diese emotionale Entfremdung nicht, weil sie die Methode des positiven Denkens anwandte, um bedrückende Gefühle zu vermeiden. Bei unserer Genesung wollen wir aber gerade Zugang zu unseren wahren Gefühlen bekommen und bewußt werden. Das positive Denken war für diese Frau eine kurzfristige schnelle Lösung, die ihre Sucht aber grundsätzlich unberührt ließ. Das ist die Schwierigkeit mit diesen Methoden und auch der Grund dafür, warum ich ihrer Anwendung für die Genesung mißtrauisch gegenüberstehe.

Viele Möglichkeiten: Gefahr und Chance

Arbeitssüchtige auf dem Weg der Genesung sehen sich vielen Heilungsmöglichkeiten gegenüber. Es ist wichtig, die Möglichkeiten auszusuchen, die sich für Sie richtig anfühlen, aber geben Sie acht! Die Krankheit Arbeitssucht beinhaltet auch, daß wir von einem Projekt zum nächsten flattern und immer unterwegs sind. Die Unfähigkeit, bei einer Sache zu bleiben, ist ein Aspekt dieses Leidens. Die meisten Menschen machen im frühen Stadium ihrer Genesung die Erfahrung, wie weise der Ausspruch ist, »Halte dich an das Einfache!«

Genesende Arbeitssüchtige verfügen über eine ganze Reihe von Möglichkeiten, unter denen sie wählen können, und viele davon werden später noch genauer beschrieben. Zu diesen Möglichkeiten gehören die stationäre oder ambulante Behandlung, der Besuch einer Gruppe der Anonymen Arbeitssüchtigen, die Rückkehr ins Leben und die Aneignung praktischer Fähigkeiten für unser Verhalten im Beruf, der Austausch mit Gleichgesinnten, Gruppenunterstützung und Genesungsprogramme für die Familie.

Der Weg ist das Ziel

Die Genesung bringt ein nüchternes Erwachen mit sich. Wir müssen sehen, daß alles, was uns als Arbeitssüchtige erfolgreich machte, auf dem Weg der Genesung von unserer Arbeitssucht zum Mißerfolg führt. Die Fähigkeiten, die uns bei der Sucht so gute Dienste geleistet haben, untergraben unsere Genesung. Ein Hauptcharakteristikum für die Arbeitssucht ist, daß sie ein Prozeß ist, der völlig außer Kontrolle gerät. Es geht nur noch um Hetzen,

Vorwärtsdrängen, Intensität und ähnliches mehr. Versuchen wir, bei der Genesung genauso vorzugehen, kommen wir ständig vom Weg ab. Wenn wir uns ein Ziel setzen und darauf zu sprinten wie ein Marathonläufer, sind wir schon wieder erkrankt. Es gibt für Arbeitssucht einfach keine schnelle Lösung.

Es ist wichtig, sich daran zu erinnern, daß viele von uns schon als Kinder mit dem Suchtverhalten angefangen haben. Wir haben vierzig oder fünfzig Jahre Praxis auf diesem Gebiet, und ebensogut können wir jetzt auch lernen, daß wir immer unterwegs sein werden, denn Genesung heißt, daß wir uns ständig in einem Prozeß befinden. Anders als unsere auf Kontrolle ausgerichtete, perfektionistische Krankheit wird dieser Prozeß uns beibringen, was wir wirklich zu lernen haben. Wir müssen lernen, ihn zu respektieren und gelangen auf diese Weise vielleicht das erste Mal dahin, uns selbst zu achten.

Lernen ins Leben zurückzukehren

Einige Menschen beschreiben ihre Arbeitssucht als die Erfahrung, nicht in ihrem Körper zu sein. Eine Frau sagte, sie habe sich wie ein Roboter durch das Leben bewegt. Das wiederkehrende Thema lautet offensichtlich, daß Arbeitssüchtige nicht mit ihrem eigenen Leben in Kontakt sind. Die Krankheit äußert sich so, daß sie nicht leben, was aber, anders als der Tod, eine sehr intensive und energievolle Erfahrung sein kann! Also besteht die erste Herausforderung für Arbeitssüchtige darin, ins Leben zurückzukehren. Das heißt, daß wir Dinge tun, die uns daran erinnern, wie das Leben überhaupt ist. Es kann sein, daß wir uns vom Leben so weit entfernt haben, daß wir es nicht erkennen, wenn es uns begegnet oder wir es unmittelbar erfahren.

Manchmal vertiefe ich mich bei meiner Arbeit als Unternehmensberaterin zusammen mit einem Klienten oder einer Klientin tagelang in meine Aufgabe. Die Arbeit ist oft sehr intensiv. Mehrere Tage später tauche ich aus dem Firmengebäude meines Klienten wieder auf und steige in ein Auto, um zum Flughafen zu fahren.

Ich bin mir sofort des Gefühls von frischer Luft auf meiner Haut bewußt, des Sonnenlichtes im Kontrast zum künstlichen Licht im Bürogebäude, der Wiesen, der Geräusche, der Gerüche, der neuesten Nachrichten aus der Welt. Ich weiß dann, daß das Leben, das ich mit meinem Klienten zusammen geführt habe, ein künstliches Leben ist. Es fordert meine Aufmerksamkeit und meine Fähigkeiten, aber ich betrachte es nicht als das ›richtige Leben‹. Ich halte in dieser Umgebung nicht nach meiner Identität Ausschau. Diese Welt ist vorübergehend. Sie ist auch interessant. Und trotzdem ist sie nicht meine Welt.

Als Workaholics müssen wir lernen, wieder ins Leben zurückzukehren, denn wir haben uns angewöhnt, unsere Krankheit für das Leben zu halten, statt zu sehen, was sie uns zeigt – daß wir nämlich nicht leben. Wir glauben, diese Aufträge, Projekte, Büros und Flugzeuge seien das Leben, das wir leben müssen, obwohl wir tatsächlich die Wahl haben. Wir können uns für Einstellungen, Wahrnehmungen und Lebensstile entscheiden. Und es steht uns offen, uns nicht mit dem, was wir tun, zu identifizieren. Wir sind nicht unsere Krankheit. Wir werden uns folgende Punkte einmal näher anschauen:

• Mögliche Formen von Abstinenz;
• Suchtauslöser und Grenzverhalten;
• das tägliche Programm für die Arbeit;

Mögliche Formen von Abstinenz

Mögliche Formen von Abstinenz sind die Wege, die Arbeitssüchtigen offenstehen, wenn sie bestimmen wollen, inwieweit sie mit ihrer Arbeit in Kontakt sein und trotzdem ›nüchtern‹ bleiben können. Ziehen Sie, was Ihre Arbeit betrifft, mindestens drei Formen von Abstinenz in Betracht: aufhören zu arbeiten, die augenblickliche Arbeit aufgeben und die Arbeit einschränken. Ich glaube, welche Möglichkeit Sie wählen, hängt davon ab, wie sehr Ihre Krankheit bereits Ihr Leben beeinträchtigt und Sie es nicht mehr bewältigen können.

Viele Arbeitssüchtige entscheiden sich dafür, *mit der Arbeit aufzuhören.* Wer im Verlaufe des kontinuierlichen Fortschreitens der Arbeitssucht bereits den Tiefpunkt erreicht hat, dem bleibt bereits keine andere Möglichkeit mehr als diese, weil er körperlich völlig erledigt ist. Irgendein streßbedingtes Leiden wird ihn zwingen aufzuhören. Andere Arbeitssüchtige lassen ihre Arbeit eine Weile liegen und machen einen langen Urlaub oder nehmen sich frei, um gesund zu werden. Viele sagen, der Krankheitsprozeß ließe sich auf keinen Fall aufhalten, wenn sie nicht wirklich aufhören zu arbeiten. Eine Frau, die sich drei Monate frei nahm, sagte:

Den ersten Monat brauchte ich, um mich auszuruhen und körperlich gesund zu werden. Im zweiten Monat sah ich mir mich und meine Prioritäten gründlich an. Im dritten zwang ich mich, Dinge zu tun, die heilsam für mich waren. Am Ende meiner Arbeitspause fühlte ich mich zwar immer noch erschöpft, aber ich hatte über mich und diese Krankheit inzwischen genug erfahren, um nicht mehr total verängstigt zu sein.

Einige Menschen, die eine Weile aufhören zu arbeiten, kehren anschließend zu ihrer Arbeit zurück, ohne ihr arbeitssüchtiges Verhalten fortzusetzen. Andere benutzen die Pause, um ihre Prioritäten neu zu ordnen und kehren niemals wieder an den alten Arbeitsplatz zurück. Ein arbeitssüchtiges Paar, das in der Nähe eines Wintersportgebietes lebte, beschloß, nachdem beide total erschöpft zusammengebrochen waren, seine Prioritäten neu zu überdenken. Beide arbeiteten für Ski-Firmen mit Jet-Set-Kunden. Sie verdienten sehr viel Geld und zahlten dafür ihren Preis. Sie bauten körperlich ab, und ihre Beziehung war sehr wackelig. Im Verlaufe von drei Jahren schränkten sie sich und ihren Lebensstil nach und nach ein. Zuerst stiegen sie versuchsweise aus ihrem Beruf aus. Dann wurde ihnen klar, daß sie zu dieser anstrengenden Arbeit nicht mehr zurückkehren konnten, nachdem sie erst einmal gesehen hatten, welche Auswirkungen sie auf sie hatte. Dann verkauften sie einige Dinge, die sie sich nicht mehr leisten konnten. Ich habe mich kürzlich mit diesem Paar getroffen, und beide sind total begeistert von ihrem Leben. Sie führen ein behagliches, aber kein extravagantes Leben. Sie machen abwechslungsreiche und interessante Dinge. Sie leben ihr Leben und nicht nur für die Arbeit.

Nicht alle können wir es uns leisten, mit der Arbeit aufzuhören – zumindest denken wir das. Für einige sieht die angemessene Form von Abstinenz so aus, daß sie ihre augenblickliche Arbeit aufgeben. *Die jetzige Arbeit aufzugeben* ist mit Sicherheit auch eine Möglichkeit. Einige mögen beschließen, nicht gleich ihre ganze Stelle aufzugeben, sondern vielleicht den Teilbereich, der ihre Krankheit auslöst. Ein Universitätsprofessor fand heraus, daß seine Arbeitssucht von der Erwartung ausgelöst wurde, er müsse Artikel und Bücher schreiben. Er liebte es aber zu unterrichten. Er gab seine Arbeit an der Universität auf und wechselte an ein College über, wo man mehr Wert auf den Unterricht als auf die Veröffentlichung von Texten legte. Er beschloß, es sich leisten zu können, daß er diesen Bereich seiner Karriere (und damit seine Sucht) endgültig aufgab, um bei seinem Beruf bleiben und das tun zu können, was er wirklich tun wollte.

Eine Frau, die an dem Streß, den ihre Arbeit in der Marketingabteilung einer großen Firma mit sich brachte, fast starb, kündigte bei der Firma und wurde Beraterin. Sie stellte fest, daß die Beratung ihr die Möglichkeit gab, selbst zu bestimmen, wieviel Kontakt sie mit arbeitssüchtigen Organisationen eingehen wollte. Auch wenn sie immer noch das Gefühl hat, in den Firmen ihrer Kunden mit einer arbeitssüchtigen Atmosphäre konfrontiert zu sein, kann sie doch selbst entscheiden, wann und wie oft sie sich in dieses Klima begibt, und das ist für sie, verglichen mit ihrer früheren Umgebung, eine begrüßenswerte Veränderung.

Der Unterschied zwischen den Menschen, die aufhören zu arbeiten, und denen, die ihre augenblickliche Stelle aufgeben, liegt darin, daß die ›Aussteiger‹ eine Zeit brauchen, in der sie sich vollkommen von der Umgebung freimachen, die ihre Krankheit auslöst. Wer dagegen seine augenblickliche Arbeit aufgibt, schafft sich vielleicht ein neues Umfeld, bleibt aber bei seiner Tätigkeit oder seiner Berufswahl.

Eine dritte Möglichkeit ist, *die Arbeit einzuschränken*, also weder mit der Arbeit aufzuhören, noch die augenblickliche Arbeit aufzugeben. Wer sich dafür entscheidet, bleibt bei seiner Tätigkeit und behält seine Stelle, setzt sich aber Grenzen bei der Arbeit. Der Fabrikarbeiter, der von seinem Chef nach einem Acht-Stunden-Tag aus der Firma ausgesperrt wurde, ist dafür ein Beispiel. Auch wenn er nicht selbst den Entschluß faßte, seine Arbeit einzuschränken, war doch der Chef nicht bereit, seinem Angestellten zu erlauben, daß er länger blieb und damit dessen Arbeitssucht zu unterstützen.

Wer seine Arbeit einschränken will, muß zunächst einmal seine eigenen körperlichen und geistigen Grenzen kennen. Ich finde es offen gesagt schwierig, das herauszufinden, ohne daß ich für eine gewisse Zeit ›abschalte‹ und einzuschätzen versuche, wie die Arbeitssucht mir schadet. Wenn ich meine eigenen Grenzen erst einmal kenne (und anfange, die Illusion von meiner eigenen Gottherrlichkeit abzubauen), habe ich bessere Voraussetzungen, realistisch einzuschätzen, was ich auf mich nehmen kann und was nicht.

Viele Arbeitssüchtige finden es entsetzlich beängstigend, Grenzen setzen zu müssen. Sie glauben in ihrer Ichbezogenheit, daß viele Menschen unbedingt auf sie zählen, und sie deswegen unentbehrlich sind. Darum ist es für sie oft ein Schock, wenn sie entdecken müssen, daß die Dinge auch ohne sie laufen und meistens sogar ziemlich gut!

Ich möchte hier unterscheiden zwischen Arbeitssucht und Arbeit. Die Arbeit als solche ist nicht die Sucht. Der Suchtprozeß verläuft in der Gesellschaft und beim Individuum. Er wird beim Individuum aktiviert und führt zu einem exzessiven, zwanghaften Arbeitsstil. Ebenso wie Alkohol gewisse Eigenschaften hat, die schädlich sein können, aber nicht müssen, ist auch die Arbeit als solche nicht zwangsläufig schädlich. Es kommt darauf an, wie wir damit umgehen. Wenn wir die Arbeit als Vermeidungsstrategie benutzen und immer mehr arbeiten müssen, um nicht mit unserem Leben in Berührung zu sein, können wir sagen, daß wir süchtig nach Arbeit sind. Die Sucht entwickelt dann eine Eigendynamik. Die Arbeit wird zum Problem, weil wir sie als Puffer benutzen und infolgedessen nicht unser eigenes Leben leben.

Für mich sind bestimmte Arbeitsplätze wie Schlüssel zur Arbeits- sucht, und tatsächlich sind sie auch für viele Arbeitssüchtige ein zentrales Thema. Es ist jedoch notwendig, sich daran zu erinnern, daß wir nicht unbedingt Abstinenz üben, wenn wir eine bestimmte Arbeitsstelle aufgeben. Man kann das arbeitssüchtige Verhalten ohne weiteres auf Fernsehen oder Gärtnern übertragen. Abstinenz am Arbeitsplatz muß nicht Genesung bedeuten, und es ist wichtig, daß wir uns mit dem Aspekt unserer Arbeitssucht auseinanderset- zen, der uns an erster Stelle umbringt.

Wenn wir uns mit der Sucht nach Arbeit auseinandergesetzt ha- ben, müssen wir immer noch mit einer ganzen Reihe von Verhal- tensweisen kämpfen. Aus diesem Grund machen die Anonymen Alkoholiker die sehr wichtige Unterscheidung zwischen ›nüch- tern‹ und ›sauber‹. Wenn wir aufhören, ein Suchtmittel oder eine Tätigkeit zu mißbrauchen, sind wir ›nüchtern‹. ›Sauber‹ hingegen sind wir erst, wenn wir anfangen, uns unserer Verleugnung, Un- ehrlichkeit, unserem verrücktem Denken, Kontrollverhalten und Perfektionismus, unserer Einsamkeit und Zwanghaftigkeit zu stellen – sämtlichen Verhaltensweisen, die in Kapitel 3 als typisch für den Krankheitsprozeß beschrieben wurden. Diese charakteri- stischen Merkmale sind die Sturmtruppen des Krankheitsprozes- ses, die uns ganz unabhängig davon plagen, inwieweit wir unsere konkrete Arbeit, unser Hetzen und unsere Geschäftigkeit ein- schränken.

Suchtauslöser und Grenzverhalten

Suchtauslöser sind Verhaltensweisen oder Situationen, die unsere Arbeitssucht herbeiführen. Es ist oft hilfreich für unsere Gene- sung, wenn wir herausfinden, welche Suchtauslöser für uns zur Krankheit führen. Ein Mann zum Beispiel, der beziehungssüchtig ist (er benutzt Beziehungen, um nicht mit sich selbst und anderen in Kontakt zu sein), fand heraus, daß seine Sucht ausgelöst wurde, wenn er ›sich herumtrieb‹. So saß er in Cafés herum in der Hoff- nung, einer Frau zu begegnen oder seinen Phantasien über die Frauen nachzuhängen, die er dort sah – alles Aktivitäten, mit denen er wahre Intimität verhinderte. Er legte den Suchtauslöser ›Herumtreiben‹ als Grenzverhalten fest. Das hieß für ihn, daß er sich nicht herumtreiben konnte, ohne dann sofort zu seinem Suchtverhalten überzugehen. Wenn er damit anfing, geriet er sofort in Schwierigkeiten.

Für Eßsüchtige gibt es suchtauslösende Nahrungsmittel. Bei einigen lösen zuckerhaltige Nahrungsmittel den Freßanfall aus, also müssen sie peinlich genau darauf achten, keinen Zucker zu sich zu nehmen.

Ein arbeitssüchtiger Mann teilte mit, daß für ihn die leitende Position im Rahmen eines Teamprojektes zum Suchtauslöser wurde. Sobald ihm die Teamleitung angeboten wurde, rief das sein Minderwertigkeitsgefühl auf den Plan, und er versuchte zwanghaft zu beweisen, daß er der Position gerecht wurde. Je mehr er sich anstrengte, desto schlimmer wurde es natürlich. Er machte die Erfahrung, daß es im frühen Stadium seiner Genesung tödlich für den Genesungsprozeß war, wenn er eine leitende Position einnahm. Als er später stärker geworden war, konnte er führende Positionen einnehmen, ohne zwanghaft zu werden.

Eine arbeitssüchtige Hausfrau berichtete, daß für sie Ziele suchtauslösend wirkten. Sie hatte in einem Selbsthilfebuch gelesen, daß jeder Mensch sich Ziele setzen und erreichen sollte, um sich dann immer weitere Ziele zu setzen. Sie begann sich für jeden Lebensbereich Ziele auszudenken. Dann hetzte sie durch den Tag und versuchte ihre Ziele zu erreichen, ohne zu überlegen, wie sie dabei vorgehen sollte. Sie wurde zu einem Wirbelwind an Aktivität. Die Ziele begannen ein Eigenleben zu führen; sie träumte sogar von ihnen. Sie betrachtete sie als äußere Zeichen dafür, daß sie etwas leistete. Innerlich befand sie sich in einem Chaos. Diese Frau gab es schließlich völig auf, sich Ziele zu setzen, weil das für sie das Grenzverhalten darstellte, das zu ihrer Suchtkrankheit führte.

Es ist wichtig herauszufinden, was unsere Arbeitssucht auslöst. Diese Selbsterkenntnis versetzt uns in die Lage zu sehen, wann ein Problem auf uns zukommt, und dann können wir beiseite treten, bevor wir in der Sucht versinken. Wenn unsere Genesung fortschreitet, kann unser Grenzverhalten sich ändern. Unsere Grenze kann sich dann auf andere, subtilere Verhaltensweisen ›verlagern‹. Im frühen Stadium der Genesung können wir so damit beschäftigt sein, den großen, problematischen Suchtauslösern aus dem Weg zu gehen, daß uns andere Aspekte der Krankheit entgehen. Später löst die kleinste Unehrlichkeit unsere Krankheit wieder aus – und setzt uns eine neue Grenze!

Das tägliche Programm für die Arbeit

Eßsüchtige, zwanghafte Schuldner und andere Menschen, die vom ersten Tag ihrer Genesung an eine neue Beziehung zu ihrer Sucht herstellen müssen, finden es hilfreich, nach einem Programm vorzugehen. Weil ihr Leben, insofern es um die Sucht kreist, nicht mehr zu bewältigen ist, müssen sie die Kontrolle an eine außenstehende Person oder Sache übergeben. Das ist die Ohnmacht, die Süchtige angesichts der Krankheit empfinden, und das Loslassen stellt den ersten Schritt auf dem Wege zur geistigen Gesundheit dar. Wir müssen uns daran erinnern, daß wir diejenigen sind, deren Leben aus der Bahn geraten ist. Der Zweck eines Programmes für die Arbeit liegt darin, zu einem neutralen Ablauf – der Arbeit – wieder eine gesunde Beziehung herzustellen.

Viele genesende Arbeitssüchtige entwickeln mit Hilfe eines Sponsors (darüber später mehr) ein tägliches Programm für sich. Dieser Mensch kann ihnen helfen, den Plan realistisch einzuschätzen und ihn simpel und machbar zu halten. Arbeitspläne sind zwar auf die individuellen Bedürfnisse eines Menschen zugeschnitten, beinhalten aber im allgemeinen folgendes: (1) die Anzahl der Stunden für Arbeit, Ausruhen, Familie, Müßiggang, Freizeit und Alleinsein; (2) die Aktivitäten bei der Arbeit, mit Kolleginnen und Kollegen, Familie, im freiwilligen sozialen Bereich, für die persönliche Gesundheit und anderes mehr.

Im frühen Stadium der Genesung können Sie vielleicht nur wenige Stunden vorplanen. Meistens planen Sie für einen Tag im voraus. Es ist wichtig, daß der Plan einen Rahmen darstellt, der Sie bei der Genesung unterstützt, und keine Methode, die Sie daran hindert, die Verantwortung für sich zu übernehmen.

Wichtig ist, dabei ganz deutlich zu machen, daß es hier nicht um Zeitplanung geht, denn diese ist nicht identisch mit Genesung. Zeitplanung kann ein wichtiges Hilfsmittel für die Genesung sein, ebenso wie streßreduzierende Übungen uns helfen können zu entspannen. Aber wir sollten uns nicht vormachen, daß irgendeine dieser Methoden gleichbedeutend mit Genesung ist. Tatsächlich kann Zeitplanung Schwierigkeiten mit sich bringen, weil sie uns die Illusion vermittelt, wir könnten unsere Krankheit kontrollieren. Das bringt uns auf dem direktem Wege zur Krankheit zurück, denn Kontrolle ist ein charakteristisches Merkmal für diese.

Ein weiteres Vorgehen für einen solchen Plan empfehlen die Anonymen Schuldner, eine Gruppe für Menschen, deren Leben in bezug auf Geld aus der Bahn geraten ist. Schuldner und Geldsüchtige treffen sich mit zwei Menschen, die in Bezug auf ihre finanziellen Angelegenheiten ›sauber‹ sind. Die Schuldner machen eine Liste von all ihren verfügbaren Finanzen und von ihren Schulden. Nachdem sie ihre augenblickliche Situation durchgesprochen haben – die zum Zeitpunkt dieses Zusammentreffens für den Schuldner kritisch ist –, entwerfen sie einen Ausgabenplan. Der Sinn dieser ›Druck-Gruppe‹ besteht darin, dem Schuldner den Druck zu nehmen, mit seiner Krankheit allein fertigwerden zu müssen, und ihm gleichzeitig Druck zu machen, damit er einen Plan entwirft, mit dessen Hilfe die abwärts führende Finanzspirale aufgehalten werden kann. Die beiden Helfer haben die Aufgabe, den Schuldner von Schritten abzuhalten, die er real gar nicht einhalten kann, wie sämtliche Kreditkartenrechnungen auf einmal zu bezahlen, ohne für den nächsten Monat Geld für Lebensmittel einzuplanen. Der Schuldner spricht sich immer wieder mit den Sponsoren ab. Zusätzlich führen die meisten Schuldner täglich Buch über jeden Pfennig, den sie ausgeben. In ihrer Krankheit gehen sie oft unbewußt mit Geld um. Es kommt und geht, und sie haben überhaupt keine Vorstellung, wie und wo sie es ausgeben. Die tägliche Buchführung ist ganz entscheidend dafür, daß sie ›sauber‹ werden.

Arbeitssüchtige ziehen für ihre Genesung ein ähnliches Programm zur Hilfe heran. Indem wir uns mit Menschen treffen, die in bezug auf ihre Arbeit ›sauber‹ sind, durchbrechen wir unsere Isolation. Wir stellen eine ganz präzise Liste der Abläufe an einem für uns typischen Tag oder einer Reihe von Tagen auf. Ich glaube, es ist wichtig, daß wir auch unsere sämtlichen körperlichen und emotionalen Symptome beschreiben, weil sie einen großen Teil der Krankheit ausmachen. Mit Hilfe dieses Vorgehens können wir uns klar machen, wie stark wir unsere Arbeitssucht verleugnen. Ich nahm einmal an einem solchen Prozeß für eine arbeitssüchtige Frau teil. Im Anschluß daran sagte sie zu mir, sie habe an meinem Gesichtsausdruck gesehen, wie schockiert ich gewesen sei, als sie ihren Tagesablauf und ihre körperlichen Symptome beschrieben habe. (Ich war wirklich sehr besorgt, weil sie von extrem viel Streß berichtete.) »Als ich Ihr schockiertes Gesicht sah, wurde mir plötzlich klar, wie sehr ich mich krank machte. Ich ließ mich spüren, wie groß die Schwierigkeiten waren, in die ich mich mit der Sucht gebracht hatte.«

Es ist wichtig, daß wir unsere Aktivitäten ganz präzise auflisten, weil wir als Arbeitssüchtige die Tendenz haben, unseren Arbeitsvorrat versteckt zu halten. Vielleicht haben wir ein paar kleine Aktivitäten unterschlagen. Die beiden Menschen, die uns unterstützen, können nachforschen: »Ist das ganz bestimmt auch alles, was Sie in der Stunde nach dem Mittagessen tun?« Sie helfen unserem Gedächtnis nach und sorgen dafür, daß wir ehrlich bleiben.

Nachdem wir unsere Tagesliste aufgestellt haben, gehen wir sie mit unseren Helfern durch und finden heraus, welche Aktivitäten und Zeitabläufe uns erschöpfen, zu unserer Zwanghaftigkeit beitragen oder menschlich unmöglich sind. Und wieder ist es gut, das alles mit Menschen durchzusprechen, die eine gesunde Beziehung zur Arbeit haben, weil sie ihre Sicht einbringen und uns darauf hinweisen können, wo wir mit unserem Denken aus der Bahn geraten. In unserem zwanghaften Bemühen um Besserung, gehen wir auch unsere Gesundheit mit einer arbeitssüchtigen Haltung an!

Eine Frau die morgens arbeitete und nachmittags ein Nachbarschaftsheim leitete, wollte sich voller Elan auf den Weg machen und von ihrem Arbeitsplan-Treffen zum Heim ›eilen‹, um es für diesen Tag zu schließen. Ihre Helfer forderten sie auf, langsamer zu machen, sich zu überlegen, wie sie das Heim auf verantwortliche Weise schließen könne und so über einen Zeitraum von mehreren Monaten vorzugehen. Das war ein nützlicher Vorschlag, weil sie sich häufig auf Vorhaben stürzte, ohne über die Konsequenzen nachzudenken. Die Folge war, daß sie sich total übernahm. Ihre Helfer forderten sie auf, ihre Vorgehenweisen zu ändern, denn was sie umbrachte war ihre Krankheit und nicht die Tatsache, daß sie ein Tagesheim besaß.

Die Frau nahm diesen Ratschlag an und entdeckte, daß sie mehr Energie hatte, wenn sie langsamer machte. Auch ihre Angestellten waren weniger hektisch, weil sie ihnen keine falschen Anweisungen mehr gab, denen sie folgen mußten. Schon bald wurde deutlich, daß das Tagesheim nicht das Problem war und sie es nicht aufgeben mußte. Der Grund für ihre Schwierigkeiten lag vielmehr darin, *wie* sie ihr Geschäft führte. Als sie nach ihrem täglichen Arbeitsplan vorging, wurde sie gesünder sowie eine bessere Angestellte und eine gute Chefin.

Das Wunderbare an der Genesung von Arbeitssucht ist, daß das, was dabei herauskommt, immer eine Überraschung ist. Für diejenigen unter uns, die gern die Kontrolle behalten, ist das vielleicht keine gute Nachricht! Durch ihre Bereitschaft, ihrer Genesung den ersten Platz einzuräumen und falls nötig auch ihr Unternehmen zu schließen, wurde diese Frau offen für ihre Veränderung. Wir müssen bereit sein, für die Genesung alles aufzugeben – denn wenn wir nicht genesen, werden wir in den meisten Fällen sowieso alles verlieren. Wenn wir hingegen loslassen, stellen wir oft fest, daß wir die Dinge, die wir zu verlieren glaubten, gar nicht aufgeben müssen.

Keiner von uns hat im Augenblick den Mut zu den Dingen, die vielleicht in einigen Monaten von uns gefordert werden. Das Schöne an einem täglichen Arbeitsplan ist, daß er unsere Genesung in machbare Schritte einteilt, von denen wir immer nur einen auf einmal tun.

Zusammengefaßt gibt es drei Vorgehensweisen, die uns im frühen Stadium unserer Genesung darin unterstützen, ins Leben zurückzukehren:

1. Wir entscheiden uns für eine Form von Abstinenz: mit der Arbeit aufhören, unsere augenblickliche Arbeit aufgeben oder unsere Arbeit einschränken.
2. Wir benennen ausdrücklich, was unsere Arbeitssucht auslöst, und finden unser Grenzverhalten heraus.
3. Wir entwickeln ein tägliches Programm für die Arbeit, das sämtliche Bereiche unseres Lebens einschließt. Wenn möglich, treffen wir uns mit zwei Menschen, die eine gesunde Beziehung zur Arbeit haben, und machen mit ihnen eine gründliche Inventur eines Tages oder einer Woche. Auf der Grundlage dieses Treffens entwerfen wir einen Arbeitsplan und halten uns Tag für Tag daran.

Praktische Fähigkeiten für das Verhalten im Beruf

Arbeitssucht schadet uns in sämtlichen Bereichen unseres Lebens, auch wenn viele Arbeitssüchtige ihre Sucht hauptsächlich im Beruf praktizieren. Sie konzentrieren sich ganz auf ihre Arbeit und vernachlässigen andere Lebensbereiche.

Arbeitsinventur und ein praktischer Plan

Der gleiche Planungsprozeß, der oben beschrieben wurde, kann auch auf den Beruf angewendet werden. Sue August, eine Unternehmensberaterin, sieht in der Kombination von praktischer Planung und dem Besuch einer Selbsthilfegruppe die optimale Unterstützung für arbeitssüchtige Angestellte. Sie hat festgestellt, daß Workaholics die größte Unehrlichkeit zeigen, wenn es um ihre Projekte geht. So sieht es praktisch aus, wenn sie ihren Arbeitsvorrat verstecken. Sie besteht darauf, daß Arbeitssüchtige bei der Inventur klar sagen, wieviele Projekte sie verfolgen und was sie zusätzlich noch ›auf Lager‹ haben.

Selbsthilfegruppen

Selbsthilfegruppen sind für den genesenden Arbeitssüchtigen in der Organisation von unschätzbarem Wert. Ein Produktionsberater hatte in mehreren Organisationen die Tatsache zutage gefördert, daß die schwankende Produktivität durch das arbeitssüchtige Verhalten mehrerer Angestellter zustande kam. Er traf sich zunächst mit jedem Angestellten unter vier Augen und brachte dann alle als Gruppe zusammen. Einige von ihnen hatten Arbeitsanfälle, und infolgedessen war ihre Produktivität fehlerhaft. Einer litt unter chronischer Arbeitsunlust und arbeitete nur auf die letzte Minute. Der Rest arbeitete schonungslos. Indem sie sich ihre Geschichten mitteilten, konnten sie den roten Faden in ihrem Arbeitsverhalten sehen. Jeder von ihnen entwarf einen praktischen Plan und wählte aus der Gruppe einen Partner, mit dem er den Plan besprach. Die Gruppe hat sich verpflichtet, sich einmal in der Woche für eine Stunde zu treffen, um sich gegenseitig zu unterstützen. Außerdem ruft jeder täglich seinen Partner an, um den praktischen Plan für den entsprechenden Tag noch einmal mit ihm durchzugehen.

Bei diesem Vorgehen unterstützen die Arbeitssüchtigen sich gegenseitig, helfen sich aus ihrer Isolation heraus und übernehmen auch Verantwortung. Vorwürfe haben darin keinen Platz, sondern es geht darum, aus den Geschichten der anderen etwas über die Krankheit Arbeitssucht zu lernen und sich bei der Heilung konkret zu unterstützen.

Ich glaube, ein praktischer Plan und Unterstützung bei der Genesung am Arbeitsplatz sind ganz wesentlich für die Genesung. Viele Arbeitssüchtige schämen sich ihrer Arbeitssucht, und wenn ihr Leben immer chaotischer wird, fangen sie an, ihre Aktivitäten vor Menschen zu verbergen, die sie beobachten könnten. Gruppen, wie die oben beschriebenen, bieten einen sicheren Ort für arbeitssüchtige Angestellte, weil hier niemand verurteilt wird. Sie werden nicht für einen schlechten Menschen gehalten, weil Sie in dieser Gruppe sind. Nur in solchen Gruppen ist es möglich, ehrlich zu sein – und je ehrlicher Arbeitssüchtige sind, desto größer ist ihre Chance zu genesen.

Die Rolle der Organisation

Organisationen können sowohl ihre Angestellten bei der Genesung von Arbeitssucht unterstützen als sich auch dem Suchtprozeß in der Organisation als Gesamtunternehmen stellen. Folgende Mittel können sie dazu einsetzen:

- Information
- Interventionen
- Veränderung des Unternehmensklimas
- Kosten-Nutzen-Rechnung

Information

Unternehmen müssen ihre Angestellten über die typischen Kennzeichen von Arbeitssucht informieren. Eine solche Aufklärung kann ohne weiteres in bereits existierende Anti-Streß-Programme eingebaut werden. Es ist jedoch wichtig, sich vor Augen zu halten, daß der gelegentlich überforderte Angestellte nicht gleichzusetzen ist mit einem Arbeitssüchtigen. Die Angestellten müssen unterscheiden können zwischen vorübergehendem Streß und einer potentiell tödlichen Krankheit. Unternehmen können Workaholics zur Behandlung ihrer Sucht ermutigen, indem sie diese als Krankheit benennen, der man Zeit und Aufmerksamkeit widmen muß.

Interventionen

Unternehmen sollten für aktive Arbeitssüchtige Interventionen planen und durchführen. Da Arbeitssüchtige ihrer Krankheit immer mehr verfallen, neigen sie zu raffinierten Schwindeleien, mit denen sie sich und ihre Vorgesetzten täuschen. Um dieses Muster und das selbstzerstörerische Verhalten zu durchbrechen, sind Interventionen notwendig. Für den Arbeitssüchtigen ist es eine Hilfe, wenn andere ihm sein Verhalten spiegeln.

Bei einer Intervention setzen sich Menschen, die sich um den Arbeitssüchtigen Sorgen machen, mit ihnen zusammen. Ohne ihn zu verurteilen, beschreibt jede anwesende Person das Verhalten des süchtigen Menschen, verleiht ihrer Sorge Ausdruck und sagt, wie das Verhalten des Süchtigen sie beeinträchtigt. Das Treffen endet damit, daß jeder dem Süchtigen mitteilt, welche Folgen es für ihn hat, wenn er sich nicht behandeln läßt oder zu genesen beginnt. Suchtberater und andere Fachleute auf dem Gebiet der Suchterkrankungen können Gruppen beibringen, wie man bei arbeitssüchtigen Angestellten effektiv interveniert. (Die Interventionstechniken werden im nächsten Abschnitt noch genauer beschrieben.)

Das Unternehmensklima verändern

Unternehmen müssen einen gründlichen Blick auf ihr Klima und ihre Arbeitsorganisation werfen. So wie Individuen arbeitssüchtig werden können, kann auch die Organisation als ganze diese Krankheit entwickeln. Leitende Regierungsbeamte und Manager täten gut daran, sich zu fragen, ob sie durch unrealistische Erwartungen und Arbeitsplatzbeschreibungen sowie durch ein Unternehmensklima, das den Profit über alles stellt, zu Arbeitssucht beitragen.

Heutzutage wird Spitzenunternehmen viel anerkennende Bewunderung entgegengebracht, aber ich bezweifele, ob deren Bestrebungen auf lange Sicht gesehen wirklich gesund sind. Tom Peters und Nancy Austin sagen zum Beispiel, der Preis für die Spitzenposition eines Unternehmens sei der Verlust von:

Familienurlaub, Spielen,Geburtstagsessen, freien Abenden, Wochenenden und Mittagspausen, Gartenarbeit, Lesen, Kino und den meisten anderen Freizeitbeschäftigungen. Wir haben zahlreiche Freunde, deren Ehe oder Partnerschaft daran zerbricht, daß sie ihre gesamte Zeit einem Traum widmen... Man fragt uns häufig, ob es möglich sei, »alles zu haben« – ein total erfülltes Privatleben und ein total befriedigendes Berufsleben mit viel Arbeit. Unsere Antwort lautet: Nein![1]

Die meisten Unternehmen von heute sind bestrebt, eine Spitzenposition einzunehmen. Ich betrachte die obige Beschreibung als ein sicheres Rezept für Arbeitssucht.

Kosten-Nutzen-Rechnung

Unternehmen müssen sich die Frage stellen, ob es von den Kosten- Nutzen her effektiv ist, den arbeitssüchtigen Kurs weiter zu verfolgen. Meine Untersuchungen zeigen, daß es eine Illusion ist zu glauben, Unternehmen würden von Arbeitssüchtigen profitieren. Genau das Gegenteil trifft zu. Unternehmen müssen für die Behebung der Fehler ihrer arbeitssüchtigen Angestellten zahlen. Auch die Kosten für Arbeitsausfall aufgrund von streßbedingter Erschöpfung nehmen zu. Unternehmen müssen mit ansehen, wie Kreativität und Produktivität wegfallen, da Arbeitssüchtige im letzten Stadium ihrer Krankheit an Vergeßlichkeit leiden und eingleisig denken. Diese Firmen haben Schwierigkeiten, fähige Mitarbeiter zu finden, weil das Unternehmensklima von der arbeitssüchtigen Moral vergiftet ist, und Menschen, die bewußt auf ihre Gesundheit achten, eine solche Umgebung meiden. Das alles nicht zu sehen, heißt, sich am Verleugnungssystem des Süchtigen zu beteiligen. Firmen hingegen, die sich mit ihrem arbeitssüchtigen Klima und dem arbeitssüchtigen Individuum auseinandersetzen, profitieren davon. Diese Unternehmen werden sich ihre talentierten und engagierten Mitarbeiter erhalten. Es mag auch sein, daß ihre Produktivität und Kreativität ansteigt, und damit wäre wieder einmal bewiesen, daß die Gesundheit des Individuums und der Organisation sich letzten Endes auszahlen und außerdem unlösbar miteinander verbunden sind.

Wenn Sie Angehörige/r eines arbeitssüchtigen Menschen sind

So sehr wir uns auch bemühen, unsere Sucht zu verbergen, sie ist keine private Angelegenheit. Unsere Isolation und Geheimnistuerei hält uns im Suchtprozeß gefangen. Wenn Süchtige sich immer verrückter verhalten, ziehen oft auch ihre Familien mit. Familien und Angehörige sind verantwortlich für ihre Gesundheit, auch wenn oder besser vor allem dann, wenn sie mit einem arbeitssüchtigen Menschen zusammenleben. Angehörige können konkrete Schritte unternehmen.

Kümmern Sie sich um sich selbst

Familien und Angehörige müssen sich in erster Linie um sich selbst kümmern. Das klingt, als wäre es das Letzte, was Sie tun würden, da Ihre Sorge doch dem arbeitssüchtigen Menschen gilt. Doch es gehört zum Krankheitsverlauf der Arbeitssucht, daß die Familie in die Krankheit verwickelt wird, um den ›Nachschub‹ des Arbeitssüchtigen zu sichern. Das beste, was Sie für den arbeitssüchtigen Menschen in Ihrem Leben tun können, ist, daß Sie sich um sich selbst kümmern.

Sich um sich selbst kümmern heißt, sich nicht von der Hetzerei, Geschäftigkeit und Hektik der suchtkranken Person anstecken zu lassen. Es bedeutet, sich einzugestehen, daß Sie keine Macht über die Krankheit des oder der Süchtigen haben. Vielleicht haben Sie sich jahrelang auf den Arbeitssüchtigen konzentriert und sind an diesen Menschen durch Groll und Verletzungen gebunden. Viele Angehörige von Arbeitssüchtigen wissen nicht, was sie selbst brauchen, weil sie sich so lange Jahre an dem arbeitssüchtigen Menschen orientiert haben.

Eine Frau, die mit einem Arbeitssüchtigen verheiratet ist, hatte ihrem Mann jahrelang gegrollt, weil er nicht mit ihr in Urlaub fuhr. Weil sie auch nicht ohne ihn Urlaub machte, fühlte sie sich betrogen und war voller Ärger. Als sie sich aus seiner Krankheit ausklinkte, begann sie auf ihre eigenen Bedürfnisse zu achten und kam zu den Schluß, daß sie selbst die Verantwortung für ihre Ferien übernehmen mußte. Jetzt fährt sie oft allein oder mit Freunden in Urlaub. Die Verantwortung für sich übernehmen heißt, die eingefahrenen Verhaltensmuster in Ihrer Beziehung verändern. Wenn Sie fest davon überzeugt sind, daß Paare zusammen verreisen müssen, werden Sie weiter darunter leiden, daß Ihr Leben von den nicht eingehaltenen Versprechungen des Arbeitssüchtigen bestimmt wird.

Das Jet-Set-Paar, das beschloß, seine materiellen Bedürfnisse zu reduzieren, trat seine Genesung zusammen an. Das ist nicht immer der Fall. Der Mann vertraute mir an, daß für ihn selbst dann klar gewesen wäre, daß seine Arbeitssucht ihm sein Leben ver-

baute, wenn seine Frau beschlossen hätte, mit ihrer Arbeit fortzufahren. »Ich war bereit, alles zu tun, damit es mir gutging, selbst
wenn das bedeutet hätte, die Beziehung zu meiner Frau völlig neu
zu überdenken. Es hätte zur Trennung kommen können. Ich war
sowieso zu krank, um ein guter Partner zu sein.«

Denken Sie daran, daß Sie als Angehörige von Arbeitssüchtigen
durch das Zusammenleben in deren Suchtprozeß verwickelt werden. Daß Sie die Verantwortung für Ihre eigene Genesung übernehmen ist also ebenso wichtig, wie daß es dem Arbeitssüchtigen
besser geht. Sie sollten Selbsthilfegruppen besuchen wie die von
›Al- Anon‹, der ›Anonymen Co-Abhängigen‹ und der ›Erwachsenen Kinder von Alkoholikern‹. All diese Gruppen sind eine Hilfe
für uns und können uns über uns und unserer Beteiligung am
Suchtverlauf aufklären.

Interventionen

Planen Sie eine Intervention mit dem Arbeitssüchtigen, und führen Sie sie durch. Eine Intervention ist ein vorstrukturiertes Treffen zwischen dem Arbeitssüchtigen und besorgten Familienangehörigen und Freunden mit dem Zweck, in den Krankheitsverlauf
einzugreifen. Der Interventionsprozeß wurde in den fünfziger
Jahren vom ›Johnson Institute‹ in Minnesota entwickelt, und zwar
mit der Absicht, das ›absolute Tief‹ für Suchtkranke ›anzuheben‹.
Bislang war man allgemein davon ausgegangen, daß Süchtigen
nicht zu helfen war, bevor sie nicht ein absolutes Tief erreicht
hatten. Für viele Menschen bedeutete das, alles zu verlieren –
Wohnung, Arbeitsplatz, soziale Stellung und körperliche Gesundheit. Im ›Johnson Institute‹ stellte man sich die Frage: »Muß ein
Mensch wirklich den ganzen Weg bis zum Tiefpunkt durchmachen und alles verlieren? Ist es nicht möglich, schon früher zu
intervenieren?« Der Interventionsprozeß war die Antwort.

Mit diesem Prozeß wird auf Süchtige Druck ausgeübt. Die Angehörigen machen den Arbeitssüchtigen darauf aufmerksam, daß sie
seine Krankheit nicht mehr unterstützen werden. Sie lieben den
Arbeitssüchtigen, lehnen aber die Krankheit ab, und wenn der

Workaholic beschließt, mit seinem Verhalten fortzufahren, wird das Folgen für ihn haben.

Ich empfehle Ihnen, sich von qualifizierten Suchtberaterinnen oder -beratern für diesen Interventionsprozeß ausbilden zu lassen, bevor Sie ihn angehen. Interventionen bestehen aus bestimmten Schritten. Der erste Schritt, der vor dem eigentlichen Treffen mit dem Arbeitssüchtigen geschehen muß, sieht so aus, daß sämtliche Beteiligten sich folgende Fragen beantworten: In welcher Form hat die Krankheit des Arbeitssüchtigen mich beeinträchtigt? Was muß ich tun, um die Verantwortung für mich zu übernehmen und mich um mich selbst zu kümmern? Sie sollten diese Fragen nicht zu schnell abhaken. Wahrscheinlich haben Sie jahrelang mit dem Arbeitssüchtigen zusammengelebt und sich vielleicht so sehr betäubt, daß Sie zunächst einmal gar nicht wissen, was Sie selbst brauchen.

Zur Vorbereitung auf die eigentliche Intervention trifft die Gruppe sich, und jeder Anwesende gibt eine nicht wertende Beschreibung des Verhaltens, das er beim Arbeitssüchtigen beobachtet, verleiht seiner Sorge Ausdruck, spricht über die Auswirkungen, die das arbeitssüchtige Verhalten auf ihn hat, und über die Konsequenzen, die er zu ziehen bereit ist, wenn der Arbeitssüchtige sich nicht um Hilfe bemüht. Die beiden Schlüsselbegriffe, die Sie sich einprägen müssen, lauten *nicht werten* und *Konsequenzen*. Nicht werten heißt, beim Gruppentreffen keine Vorwürfe zu sammeln. Arbeitssüchtige haben eine Krankheit, aber sie sind nicht ihre Krankheit. Konsequenzen ziehen bedeutet, nur von den Folgen zu sprechen, die Sie auch wirklich bereit sind einzuhalten. Drohen Sie einem arbeitssüchtigen Partner nicht dramatisch mit der Scheidung, bevor sie nicht gründlich darüber nachgedacht haben und wirklich dazu entschlossen sind.

Im Falle des arbeitssüchtigen Fabrikangestellten, der darauf bestand, zwölf Stunden am Tag zu arbeiten, führte der Vorgesetzte eine Ein-Mann-Intervention durch, als er dem Arbeiter die Firmenschlüssel abnahm und ihn aus der Fabrik aussperrte. Davor hatte er ihm schon gesagt: »Ich sehe, daß Sie jeden Tag Überstunden machen. Das Band läuft langsamer (nicht wertende Beschreibung). Ich mache mir Sorgen um Ihre Gesundheit und mögliche Unfälle am Band, die Ihnen oder anderen passieren könnten (Auswirkungen auf den Arbeitssüchtigen, der Sorge Ausdruck verleihen). Ich möchte, daß Sie jeden Tag um 17 Uhr gehen. Wenn nicht, werde ich Ihnen die Firmenschlüssel abnehmen (Konsequenzen).«

Interventionen können etwas bewirken, weil sie dem Arbeitssüchtigen den Strom abdrehen. Sie bewirken, daß der Arbeitssüchtige seine Aufmerksamkeit auf die eigene Person richtet. Und trotzdem sind sie kein Patentrezept. Manchmal setzen sie etwas in Gang, manchmal aber auch nicht. Es ist wichtig für Familie und Freunde, sich daran zu erinnern, daß der Arbeitssüchtige sich für die Genesung bewußt entscheiden muß. Das kann ihm niemand abnehmen. Und seine Lieben, die alles getan haben, was sie tun können, müssen jetzt ihre eigene Heilung verfolgen. Mehr wird von ihnen nicht verlangt.

Wenn die Organisation arbeitssüchtig ist

Ständig treffen in meinem Büro Briefe von Menschen ein, die in den verschiedensten Organisationen arbeiten und von ihrer Arbeitssucht genesen. Immer geht es um eines von zwei Themen. Das erste Thema lautet: Ich bin gesund geworden, meine Familie wird gesund, aber meine berufliche Umgebung ist arbeitssüchtig. Ich gehe zur Arbeit und habe das Gefühl, verrückt zu sein. Ich überlege, ob ich kündigen soll. Das andere Thema ist: Ich bin gesund geworden, und man hat mich gefeuert. Daraus können wir schließen, daß arbeitssüchtige Organisationen ihre gesündesten Leute verlieren oder selbst wegschicken.

Wenn die Organisation arbeitssüchtig ist, haben Sie eine ganze Reihe von Möglichkeiten. Einige Leute kündigen. Sie wechseln zu anderen Unternehmen über, obwohl das ein Risiko ist, denn arbeitssüchtige Organisationen gibt es reichlich. Andere gründen ihr eigenes Geschäft oder steigen als Partner in bereits existierende Kleinunternehmen ein. Wieder andere wechseln zu einer Abteilung der Organisation über, die von der Arbeitssucht weniger betroffen ist. Ich kannte einen Mann, der sich in seiner Firma lieber auf einer Gehaltsebene hin- und herbewegte, statt auf der Karriereleiter nach oben zu klettern. Er verdiente etwas weniger Geld, hatte aber bedeutend weniger Streß. Dann wieder gibt es Menschen, die sich vorzeitig pensionieren lassen und die Zeit nutzen, um neue Möglichkeiten für sich zu erkunden. Wichtig bei der Arbeit in arbeitssüchtigen Organisationen ist, daß Sie selbst auf sich achtgeben und herausfinden, was Sie brauchen. Sollten Sie feststellen, daß Sie die Arbeitssucht der Organisation nur überleben können, indem Sie selbst arbeitssüchtig werden, stecken Sie in Schwierigkeiten.

Ich kenne Organisationen, die ein Informationsnetzwerk zur Selbsthilfe entwickelt haben, das sämtlichen Angestellten zur Verfügung steht und von den genesenden Süchtigen in der Organisation reichlich in Anspruch genommen wird. Eine Organisation, ein riesiger, internationaler Software-Hersteller, hat ein über Computer verbreitetes ›Gelassenheits- Netzwerk‹ entwickelt, zu dem jeder Angestellte Zugang hat. Menschen auf dem Weg der Genesung können über das Netzwerk Nachrichten in alle Teile der Welt schicken. Täglich erscheint ein kleiner Spruch zum Meditieren auf dem Bildschirm. Wenn jemand mit einem Aspekt seiner Sucht zu kämpfen hat, kann er sich einschalten. Innerhalb von Minuten erhält er zu seiner Unterstützung Botschaften aus den Vereinigten Staaten, Europa und Südostasien. Ein anderes Unternehmen hat eine Selbsthilfegruppe für Arbeitssüchtige eingerichtet, die sich einmal wöchentlich in der Mittagspause für eine Stunde trifft. (Natürlich! Wann immer es möglich ist, erledigen Workaholics gleich zwei Dinge auf einmal!)

Auch wenn das scheinbar nur kleine Schritte sind, glaube ich, daß sie verbreiteter sind, als wir meinen. Sie machen uns Hoffnung auf Verbesserung unseres Arbeitslebens und vielleicht auch auf das der Organisationen.

Wenn Ihr Leben aufgrund von Arbeitssucht im fortgeschrittenen Stadium bereits ein Trümmerhaufen ist, werden Sie dieses Buch wahrscheinlich gar nicht lesen! Da Sie es aber ›lesen‹, befinden Sie sich wahrscheinlich in den Spätstadien der Krankheit.

Sie erleben Blackouts, leiden unter Kopfschmerzen, hohem Blutdruck und Magengeschwüren. Sie haben Schlafschwierigkeiten. Ihre Beziehungen sind auf Eis gelegt. Emotional fühlen Sie sich wie abgestorben. Sie sind launisch und unberechenbar. Menschen halten Abstand zu Ihnen. Sie glauben, Sie hätten keine Zeit, um einen Arzt aufzusuchen. Sie arbeiten ständig oder in intensiven Schüben. Sie verstecken Arbeit oder sind von Inaktivität gelähmt. Innerlich leiden Sie. Sie sagen sich immer wieder: »So kann es mit mir nicht weitergehen.« Sie haben Angst. Sie stecken in Schwierigkeiten.

Wenn Sie sich in diesem Stadium der Krankheit befinden, müssen Sie drastische Maßnahmen ergreifen, denn Ihr Leben ist ganz konkret in Gefahr. Sie arbeiten sich zu Tode. Ich empfehle an diesem Punkt zwei Dinge.

Erstens: Hören Sie auf.

Zweitens: Lassen Sie sich sofort behandeln. Wenn Sie noch einen Funken Vernunft haben, hören Sie auf. Ihr Körper und Ihr Verstand sind ständig überdreht. Wenn Sie nicht aufhören, wird Ihr Körper Sie dazu zwingen, und Sie riskieren langfristige körperliche Schäden.

Vielleicht sind Sie durchaus imstande, vorübergehend aufzuhören, aber bevor Sie den zugrundeliegenden Krankheitsprozeß der Arbeitssucht nicht behandeln, macht Ihre Krankheit lediglich eine Pause, um neuen Anlauf zu nehmen. Ziehen Sie eine stationäre Behandlung in einer Suchtklinik in Betracht. Arbeitssucht wurde erst in jüngster Zeit als Sucht erkannt, so daß es wahrscheinlich schwierig ist, eine Klinik zu finden, wo man darauf spezialisiert ist, diese Form von Sucht zu behandeln. Aber in vielen Suchtberatungsstellen wird Co-Abhängigkeit behandelt, und man weiß dort um den Zusammenhang zwischen Co-Abhängigkeit und Arbeitssucht. Suchtkliniken bieten sowohl stationäre als auch ambulante Behandlungsprogramme an. Wählen Sie die Behandlung, die für Sie paßt. Lassen Sie sich nicht auf irgendwelche zweifelhaften Unternehmungen ein. Sie brauchen eine Umgebung, die Ihre Heilung fördert, und wo man den Verlauf von Suchtkrankheiten versteht. Sie bestimmen über Ihr Leben und müssen anfangen, die Verantwortung dafür zu übernehmen. Es ist wichtig, daß Sie jetzt damit anfangen, bevor es zu spät ist.

Das Zwölf-Schritte-Programm
der Anonymen Arbeitssüchtigen

Marilyn Machlowitz, eine der ersten Wissenschaftlerinnen, die ein ernst zu nehmendes Buch über Arbeitssucht geschrieben hat, war der Überzeugung, daß man Arbeitssucht nicht vollständig ›kurieren‹ könne, weil sie einem im Blut stecke. Dann fiel ihr auf, daß es keine Gruppen Anonymer Arbeitssüchtiger gab, und sie war auch der Meinung, daß das richtig sei. Fünf Jahre, nachdem sie sich in dieser Richtung geäußert hatte, bildeten sich an verschiedenen Orten die ersten Gruppen Anonymer Arbeitssüchtiger. Sie hatten gute Erfolge mit der Anwendung der Genesungsprinzipien, die vor fünfzig Jahren von den Anonymen Alkoholikern entwickelt worden waren – die allgemein als führend auf dem Gebiet der Behandlung des Alkoholismus anerkannt sind.
Ich empfehle das Vorgehen der Anonymen Arbeitssüchtigen als wirksamste Methode für die Behandlung der Arbeitssucht. Ich glaube, daß sämtliche anderen Methoden, über die Sie etwas lesen – Ernährung, Körperübungen, Visualisierungen, Zeitplanung – auch ihr Gutes haben, aber nicht als Kernstück eines Genesungsprogrammes. Eine halbe Stunde rudern hilft Ihnen vielleicht, Ihren hohen Blutdruck zu senken und damit ein Symptom zu behandeln; aber der Verlauf der Suchtkrankheit selbst bleibt davon unberührt.
Um der Suchtkrankheit ins Auge blicken zu können, müssen Sie die Erfahrung machen, daß Sie keine Macht über Ihre Arbeits-

sucht haben und daß alles, was Sie bislang dagegen unternommen haben, nichts genützt hat. Es ist an der Zeit, daß Sie Ihr Leben einer Macht übergeben, die größer ist als Sie.

Die Anonymen Arbeitssüchtigen gehen auf der Grundlage des Zwölf- Schritte-Programms vor (das im Anhang abgedruckt ist). Außerdem bieten Sie noch einige weitere spezielle Hilfsmittel zur Genesung an.[2] Diese umfassen:

- Sponsoren
- Gruppentreffen
- Telefonkontakt
- Arbeitsplan
- freiwilliger Dienst

Sponsoren

Sponsoren sind genesende Arbeitssüchtige, die Sie bei Ihrem Genesungsprogramm anleiten. Ihr Sponsor oder Ihre Sponsorin kann Ihnen bei Ihrem Arbeitsplan helfen oder Sie durch die ›Zwölf Schritte‹ führen. Sponsoren helfen Arbeitssüchtigen auch, ihre Isolation zu überwinden. Außerdem befinden sie sich meistens länger auf dem Weg zu Genesung und Nüchternheit als Sie. Sie können aus eigener Erfahrung sprechen und Hoffnung machen, daß es möglich ist zu genesen.

Gruppentreffen

Immer wenn zwei oder mehr Süchtige zusammenkommen, findet ein Treffen der ›Anonymen Arbeitssüchtigen‹ statt. Der Tradition der Zwölf-Schritte-Treffen folgend, teilen sie sich ihre Erfahrungen mit und geben sich gegenseitig Kraft und Hoffnung. Diese Treffen sind von unschätzbarem Wert, weil sie unsere Isolation verringern, und wir uns durch das, was wir und andere mitteilen, unser Verhalten deutlich machen können. Wir erfahren bei diesen Treffen, wie die typischen Züge der Krankheit aussehen. Außerdem sind diese Treffen anonym; Sie müssen also nicht um Ihren persönlichen Ruf oder Ihre berufliche Stellung fürchten. Sie können bei diesen Treffen frei und offen sprechen, weil alles, was hier mitgeteilt wird, in der Gruppe bleibt.

Telefonkontakt

Das Telefon muß nicht nur Hilfsmittel für die Krankheit sein. Es kann uns auch bei der Genesung helfen! Genesende Arbeitssüchtige bleiben über Telefonkontakt in den Pausen zwischen den Treffen miteinander in Verbindung. Das bedeutet, daß Sie jemanden anrufen und um Unterstützung bitten können, wenn Sie besonders stark unter Zwang stehen. So können Sie über das Telefon um Hilfe bitten.

Arbeitsplan

Wie schon früher beschrieben, ist der Arbeitsplan eine konkrete Möglichkeit, sich einem neuen Lebensstil zu verpflichten. Sie haben den Plan nicht nur im Kopf, sondern schriftlich vorliegen, und damit haben Sie ein sichtbares Zeichen für Ihre Absicht in der Hand, ihn auch durchzuführen. Sie können mit Hilfe des Aufschreibens auch Ihre Gefühle klären und mit den Aspekten der Krankheit in Berührung kommen, die Sie dazu treiben, rücksichtslos zu arbeiten.

Freiwilliger Dienst

Weltweit begegnen Zwölf-Schritte-Programme der Ichbezogenheit der Krankheit mit dem freiwilligen Dienst für andere Süchtige. Dieser Dienst ist für die Genesung ganz wesentlich und gehört zu den grundlegenden Absichten jeder Selbsthilfebewegung. Der Dienst kann darin bestehen, daß Sie die Botschaft von Ihrer Genesung an andere Arbeitssüchtige weitergeben, nach den Treffen Stühle wegräumen oder eine der zahlreichen anderen Arbeiten tun, die anfallen.

Das sind die wesentlichsten Mittel, die die ›Anonymen Arbeitssüchtigen‹ für die Genesung anwenden. Sie haben sich mit der

Zeit bewährt, und werden von Millionen von genesenden Süchtigen überall auf der Welt befolgt. Wenn Sie bewußt eingesetzt werden, tragen sie in sich ein mächtiges Versprechen, das für Scharen von genesenden Menschen wahr geworden ist: »Selten ist ein Mensch gescheitert, der diesem Weg mit rigoroser Aufrichtigkeit gefolgt ist.« Ich kenne kein anderes Programm für Arbeitssüchtige, das es wagt, ein solches Versprechen zu geben und es auch so oft einhält, wie das bei Zwölf-Schritte-Gruppen der Fall ist.

Der absolute Tiefpunkt des Suchtverlaufs ist der Tod, und ihm voran geht der spirituelle Bankrott. Zwölf-Schritte-Gruppen bekennen sich offen zur Spiritualität, ohne religiös oder eine Religion zu sein. Ihre Weisheit besteht in der Erkenntnis, daß die Arbeitssucht eine Krankheit der Seele ist. Sie beeinträchtigt uns in unserem tiefsten Wesenskern. Ich glaube, wir werden krank an unserer Seele. Die spirituelle Dimension der ›Anonymen Arbeitssüchtigen‹ ist eine begrüßenswerte Bereicherung. Weil selbst die Kirchen durch Arbeitssucht in ihrer Funktion gestört sind, ist es gut, einen Ort zu haben, wo es weder Dogmen noch kleinliche Auseinandersetzungen gibt, und der Glaube an eine Höhere Macht an erster Stelle steht. Diese Form von Genesung erfaßt unser ganzes Wesen. Wir gewinnen unseren streßgeplagten Körper zurück. Wir sehen, was unsere Beziehungen uns wirklich bedeuten. Wir haben Zugang zu unserem wahren Beruf. Und letzten Endes gewinnen wir uns selbst und unser Leben reicher zurück.

Während wir über Arbeitssucht eindeutig sagen können, daß sie zum Tod führt, gilt für die Genesung, daß sie uns Schritt für Schritt ins Leben zurückbringt. Die folgende Skala zeigt einige der wichtigsten Stationen auf diesem Weg.

Die Skala für Arbeitssucht

Frühes Stadium
- Hetze, Geschäftigkeit, Sorgen und Helfersyndrom
- Unfähigkeit, nein zu sagen
- Ständiges Denken an die Arbeit
- Besessenes Aufstellen von Listen
- Überschätzung der eigenen Fähigkeiten
- Keine freien Tage
- Ständig mehr als vierzig Wochenstunden Arbeit

Mittleres Stadium
- Andere Süchte nehmen zu: Essen, Alkohol, Beziehungen, Geld usw.
- Das soziale Leben schrumpft oder existiert gar nicht
- Fängt an Beziehungen und diesbezügliche Verpflichtungen zu vernachlässigen
- Versuche, sich zu ändern, schlagen fehl
- Körperlich erschöpft, Schlafprobleme
- Phasen von Apathie, Luftlöcher starren
- Blackouts bei der Arbeit, im Straßenverkehr
- Chronische Kopfschmerzen, Rückenschmerzen, hoher Blutdruck, Magengeschwüre, Depressionen

Endstadium
- Gehirnschlag oder Herzinfarkt, schwere Krankheiten, Krankenhausaufenthalte
- Emotional abgestorben
- Moralischer und spiritueller Bankrott
- Tod

→ Das Fortschreiten der Krankheit

← Fortschreitende Genesung

- Freut sich des Lebens von Tag zu Tag
- Nähe zu sich selbst, zu anderen Menschen und zur Arbeit
- Konfrontiert sich mit sekundären Süchten
- Setzt angemessene Grenzen
- Die Zwanghaftigkeit nimmt in sämtlichen Bereichen ab
- Ist sich bei sämtlichen Entscheidungen darüber im Klaren, daß die eigene Genesung absolute Priorität hat
- Kann unterscheiden, wann sie/er sich arbeitssüchtig verhält und wann nicht
- Wiedererwachen der eigenen Gefühle
- Ein Gefühl von Demut stellt sich ein; realistische Einschätzung von Möglichkeiten
- Erfüllt familiäre Verpflichtungen
- Beziehungen werden wieder hergestellt
- Regelmäßiger Schlaf; gesunde Ernährung und regelmäßige körperliche Bewegung
- Allmähliche Wiederkehr der körperlichen Gesundheit
- Schränkt die Arbeitszeit ein und nimmt sich frei
- Wiederkehr der eigenen Spiritualität
- Entwickelt einen Arbeitsplan und wendet die Hilfsmittel des Genesungsprogrammes an
- Optimistische Einstellung zu neuen Möglichkeiten
- Betrauert den Verlust der Sucht
- Fängt an, an einem Zwölf-Schritte-Programm teilzunehmen
- Beginnt eine Behandlung. Offen für die Unterstützung und die Anregungen anderer Menschen
- Sucht aktive Hilfe
- Eingeständnis der eigenen Erkrankung
- Begreift, daß die Arbeitssucht eine Krankheit ist
- Eingeständnis der eigenen Machtlosigkeit

Nachwort:
Ins Leben zurückkehren

Wie sehen die Folgen für uns selbst, unsere Familien, unsere Organisationen und die Gesellschaft aus, wenn wir Arbeitssucht nicht behandeln? Wir haben gesehen, welche Auswirkungen diese Krankheit auf sämtlichen Ebenen hat. Generell bringt sie mit sich, daß unsere Sensibilität abstumpft, daß wir uns um den Preis langfristiger Schäden von kurzfristigen Resultaten faszinieren lassen und uns von unserem wahren Selbst entfremden. Außerdem führt sie zu moralischem Verfall und Tod.

Ist es nicht eine Ironie, daß der Workaholic für den Rest der Welt das Symbol für den typisch modernen amerikanischen Mann oder die amerikanische Frau ist? Ein mächtiges Symbol. Kein Wunder, daß die Arbeitssucht so stark von Schweigen umgeben ist. Sich damit auseinandersetzen heißt, das Herz westlicher Industrienationen angreifen – den Suchtprozeß in seiner ausgeprägtesten Form.

Ich glaube, die neunziger Jahre sind eine Zeit, in der eine radikale Neuordnung sozialer und persönlicher Prioritäten ansteht. Allein die Umweltkrise hat deutlich gemacht, wie dringend ein globales Umdenken erforderlich ist. Wenn wir das Universum lieben und hier auch in Zukunft leben möchten, müssen wir eine Politik verfolgen, die sich an neuen Werten orientiert. Aber was hat das mit dem arbeitssüchtigen Individuum zu tun? Sehr viel, behaupte ich.

Unsere Gesellschaft stützt sich auf die überholte Vorstellung der Newtonschen Physik, nach der Mensch und Gesellschaft als Maschine betrachtet werden, die man antreiben, abnutzen und ausrangieren kann. Die Individuen sind größtenteils Opfer der Gesellschaft, und weil man annimmt, es fehle ihnen an Mitteln, ihre Probleme selbst zu lösen, werden sie von der Verantwortung ausgeschlossen. Unsere Sozialpolitik basiert in weiten Teilen auf der Annahme, die Dinge stünden so schlecht, daß Menschen sich nicht selber helfen können. Wir sind uns selbst zu Objekten geworden und leben unser Leben nicht von ganzem Herzen.

In einer Gesellschaft, die auf der Grundlage dieser veralteten Prinzipien operiert, leiden viele. Zuerst trifft es gewöhnlich diejenigen, die am meisten in das System investieren. Arbeitssüchtige sind lebende Beweise dafür, wie gestört unsere Gesellschaft ist. Sie sind Mahnmale und Symbole für die Verzerrung, die unsere soziale Vision von einem guten Leben erfahren hat. Mich beunruhigt das Stillschweigen, das die Arbeitssucht umgibt, weil es auf eine tiefsitzende Verleugnung hinweist, die sozial zerstörerisch wirkt. Wir können nicht mit der Schizophrenie leben, die sich darin äußert, daß wir die Erde retten wollen, während wir uns selbst umbringen. Das macht mir Sorgen und ist auch der Grund dafür, daß ich Arbeitssucht nicht nur als individuelles Problem behandeln kann.

Aber ich habe trotzdem Grund zur Hoffnung. Die Genesung von Arbeitssucht wie auch von jeder anderen Sucht stellt eine beispielhafte Umwandlung von unvergleichlicher Bedeutung dar. Menschen auf dem Weg zur Genesung suchen nicht ›da draußen‹ nach Schuldigen. Ganz gleich, wie schrecklich unser Leben sein mag und wieviele Chancen wir verpaßt haben, letzten Endes sind wir für uns selbst verantwortlich. Und so beginnen wir Tag für Tag, Schritt für Schritt mit dem langsamen Prozeß, ins Leben zurückzukehren.

Ich kann nur raten, wieviele von uns sich aktiv auf den Weg gemacht haben, von Arbeitssucht zu genesen. Auch wenn die Anzahl nicht übermäßig groß ist, weiß ich, daß sie wächst. Diese Menschen haben teil an einem sich entwickelnden Bewußtsein, dem sich neue menschliche Möglichkeiten eröffnen. Sie sind die Vorläufer einer neuen Arbeitsethik, die nicht mehr leben, um zu arbeiten, sondern arbeiten, um zu leben. So sieht für sie eine lebensbejahende Einstellung aus. Am Ende gewinnen sie ihr Leben für sich zurück und damit schließlich auch die Arbeit.

Anhang

Die zwölf Schritte der Anonymen Arbeitssüchtigen

1. Wir gaben zu, daß wir unserem zwanghaften Arbeiten gegenübermachtlos sind- und unser Leben nicht mehr meistern konnten.
2. Wir kamen zu dem Glauben, daß eine Macht, größer als wir selbst, uns unsere geistige Gesundheit wiedergeben kann.
3. Wir faßten den Entschluß, unseren Willen und unser Leben der Sorge Gottes – *wie wir Ihn verstanden* – anzuvertrauen.
4. Wir machten eine gründliche und furchtlose Inventur in unserem Inneren.
5. Wir gaben Gott, uns selbst und einem anderen Menschen gegenüber unverhüllt unsere Fehler zu.
6. Wir waren völlig bereit, all diese Charakterfehler von Gott beseitigen zu lassen.
7. Demütig baten wir Ihn, unsere Mängel von uns zu nehmen.
8. Wir machten eine Liste aller Personen, denen wir Schaden zugefügt hatten, und wurden willig, ihn bei allen wieder gut zu machen.
9. Wir machten bei diesen Menschen alles wieder gut – wo immer es möglich war –, es sei denn, wir hätten dadurch sie oder andere verletzt.
10. Wir setzten die Inventur bei uns fort, und wenn wir Unrecht hatten, gaben wir es sofort zu.

11. Wir suchten durch Gebet und Besinnung die bewußte Verbindung zu Gott – *wie wir Ihn verstanden* – zu vertiefen. Wir baten Ihn nur, uns Seinen Willen erkennbar werden zu lassen und uns die Kraft zu geben, ihn auszuführen.

12. Nachdem wir durch diese Schritte ein seelisches Erwachen erlebt hatten, versuchten wir, diese Botschaft an Arbeitssüchtige weiterzugeben und unser tägliches Leben nach diesen Grundsätzen auszurichten.

Die zwölf Schritte der Anonymen Alkoholiker

1. Wir gaben zu, daß wir dem Alkohol gegenüber machtlos sind – und unser Leben nicht mehr meistern konnten.
2. Wir kamen zu dem Glauben, daß eine Macht, größer als wir selbst, uns unsere geistige Gesundheit wiedergeben kann.
3. Wir faßten den Entschluß, unseren Willen und unser Leben der Sorge Gottes – *wie wir Ihn verstanden* – anzuvertrauen.
4. Wir machten eine gründliche und furchtlose Inventur in unserem Inneren.
5. Wir gaben Gott, uns selbst und einem anderen Menschen gegenüber unverhüllt unsere Fehler zu.
6. Wir waren völlig bereit, all diese Charakterfehler von Gott beseitigen zu lassen.
7. Demütig baten wir Ihn, unsere Mängel von uns zu nehmen.
8. Wir machten eine Liste aller Personen, denen wir Schaden zugefügt hatten, und wurden willig, ihn bei allen wieder gut zu machen.
9. Wir machten bei diesen Menschen alles wieder gut – wo immer es möglich war –, es sei denn, wir hätten dadurch sie oder andere verletzt.
10. Wir setzten die Inventur bei uns fort, und wenn wir Unrecht hatten, gaben wir es sofort zu.
11. Wir suchten durch Gebet und Besinnung die bewußte Verbindung zu Gott – *wie wir Ihn verstanden* – zu vertiefen. Wir baten Ihn nur, uns Seinen Willen erkennbar werden zu lassen und uns die Kraft zu geben, ihn auszuführen.

12. Nachdem wir durch diese Schritte ein seelisches Erwachen erlebt hatten, versuchten wir, diese Botschaft an Alkoholiker weiterzugeben und unser tägliches Leben nach diesen Grundsätzen auszurichten.

Anmerkungen und Literatur

Vorwort: Eine widerhallende Stille

[1]Typ A ist der für Streß und damit auch für die verschiedensten Krankheiten anfälligste Mensch. Dies geht aus einer populären Untersuchung von Meyer Friedman und Samuel Rosenman in den USA hervor.
[2]Bryan E. Robinson, Ph.D.: *Work Addiction: Hidden Legacies of Adult Children.* Deerfield Beach, FL: Health Communications 1989.

Einleitung: Ein tödliches Leiden

[1]John O. Neikirk: »Workaholism: The Pain Others Applaud«. In: *Focus Magazine.* August/September 1988: 1.
[2]Bryan E. Robinson, Ph.D.: *Work Addiction: Hidden Legacies of Adult Children.* A.a.O., S. 24.

1 Arbeitssucht: Realität und Mythos

[1]Winifred Gallagher: »Success«. In: *American Health.* April 1989, S. 55.
[2] Anonyme Alkoholiker deutscher Sprache (Hrsg.): *Anonyme Alkoholiker. Ein Bericht über die Genesung alkoholkranker Männer und Frauen.* O.O. 1983. Dieses Buch wird *Das blaue Buch* genannt und bildet die Grundlage der Alkoholikersuchtarbeit für alle, die mit dem AA-Programm arbeiten.

2 Vier Typen von Arbeitssüchtigen

[1]Harold Johnson, zitiert nach Anne Wilson Schaef: *Laugh I Thought I'd Die... If I Didn't.* New York: Balantine 1990.

3 Typische Eigenschaften von Arbeitssüchtigen

[1]Walter Kiechel: III, »The Workaholic Generation«. In: *Fortune*. April 10, 1989, S. 51.
[2]Ronald Yates: »Japanese live… and die… for their work«. In: *Chicago Tribune*. November 13, 1988, S. 1.
[3]Joel F. Lehrer, MD und Leila M. Hover, MLS: »Fatigue Syndrome«. In: *Journal of the American Medical Association*. Vol. 259, No. 6, S. 842f.

5 Frauen und Arbeitssucht

[1] In der BRD waren 1988 49,6% aller Frauen berufstätig oder auf der Suche nach einer Arbeit außer Haus. Hier ist jedoch im Gegensatz zu den USA kaum eine Steigerung zu verzeichnen. Bezogen auf Familienhaushalte mit zwei Erwachsenen (Ehepaar und Kinder) verdient in etwa jedem 2. Familienhaushalt die Ehefrau/Mutter mit. In welchem Umfang, hängt von Anzahl und Alter der Kinder und dem Einkommen des Ehemannes ab. 1988 waren 44,1% aller Ehefrauen erwerbstätig. In der BRD leben zur Zeit 14,8% aller Kinder in Haushalten mit einem alleinstehenden Elternteil und nahezu jede 3. Ehe wird geschieden. Dabei ist das Scheidungsrisiko bei Ehen, die in den letzten Jahren geschlossen wurden, und bei Ehepaaren, die in Städten leben, höher.

Für die Abnahme beziehungsweise Zunahme des Lebensstandards einer geschiedenen Frau oder eines Mannes gibt es für die BRD (ohne die neuen Bundesländer) keine vergleichbaren Zahlen. Unstrittig ist aber die Tendenz des sinkenden Einkommens bei geschiedenen Frauen und der soziale Abstieg. Eine Steigerung des Einkommens des geschiedenen Mannes ist höchstens auf der Basis des Pro-Kopf-Einkommens denkbar. Generell ›verlieren‹ alle Beteiligten bei einer Scheidung. Das Einkommen geschiedener Männer weicht nicht vom Durchschnitt aller Männer ab, was sich durch die überwiegende Vollerwerbstätigkeit erklärt, während bei Frauen auch zum Beispiel Teilzeitarbeit gegeben ist.

Die Arbeitszeit ist in der BRD (ohne die neuen Bundesländer) durch tarifliche Arbeitszeitverkürzungen geschrumpft. Hinzu kommt ein hoher Anteil von Teilzeitarbeit bei Frauen.

[2]Anne Wilson Schaef: *Women's Reality*. San Francisco: Harper & Row 1981.

[3]Colette Dowling: *Perfekte Frauen. Die Flucht in die Selbstdarstellung.* Fischer Verlag: Frankfurt am Main 1989, S. 12.
[4]Ellen Sue Stern: *Der Superfrau-Komplex.* München: Econ Verlag 1990, S. 36.

6 Männer und Arbeitssucht

[1]Anne Wilson Schaef: *Women's Reality.* San Francisco: Harper & Row 1981.

7 Familie und Arbeitssucht

[1]Nancy Gibbs: »How America Has Run Out of Time«. In: *Time.* April 24, 1989, S. 61.

9 Die arbeitssüchtige Organisation

[1]Vergleiche Anne Wilson Schaef und Diane Fassel: *The Addictive Organization.* San Francisco: Harper & Row 1988. In diesem Buch beschreiben wir vier Formen von süchtigen Organisationen: 1. Die aktiv Süchtigen in der Organisation untergraben deren Funktionsfähigkeit; 2. Co-Abhängige setzen ihr gestörtes Verhalten in Organisationen fort; 3. Die Organisation ist im Leben der Mitarbeiter das Suchtmittel; 4. Die Organisationen sind in ihrer Struktur und in ihren Abläufen selbst die Süchtigen.

10 Warum tun wir uns das an?

[1]Schaef entwickelt in ihren sämtlichen seit 1986 erschienen Büchern den einen oder anderen Aspekt dieses Themas. Ihre aufschlußreichste Arbeit, *When Society Becomes An Addict.* San Francisco: Harper & Row 1986, zeigt die grundlegenden Bedingungen für diese Auffassung und ist unentbehrlich für das Verständnis der Idee eines unterschwelligen Suchtprozesses. Auch Schaefs andere Arbeiten möchte ich hier nachdrücklich empfehlen.
[2]Harlan Ellison, 1989 Spring Conference of Western States Advertising Agencies Association in Rancho Mirage, California; zitiert nach der Verbandszeitschrift *Advertising Age.* Spring 1989, S. 12.

[3]Schaef, *When Society Becomes An Addict*. A.a.O.

[4]A. Lawrence Chickering: »Denial Hardens The Drug Crisis«. In: *Wall Street Journal*. July 15, 1988.

[5]Ebd.

[6]Dave Todd: *A Nation in Denial: Chaos and the Politics of Dysfunction*. July 1989, S. 7 (unveröffentlichtes Manuskript).

[7]Ebd.

[8]Thomans Merton: *The Sign of Jonas*. New York: Harcourt, Brace and Company 1953, S. 251.

[9]Kurt Vonnegut: »Weapons Junkies«. In: *Fellowship*. September 1987, S. 10.

11 Genesung

[1]Tom Peters und Nancy Austin: *A Passion for Excellence*. New York: Warner 1985, S. 495–96.

[2]Weitere Informationen über eventuell bestehende Gruppen Anonymer Arbeitssüchtiger zu erfragen bei:

Nationale Kontakt- und Informationsstelle zur Anregung und Unterstützung von Selbsthilfegruppe e.V.; Albrecht-Achilles-Straße 65; 10709 Berlin, Tel. 0 30 / 891 40 19

Kontakt- und Informationsstelle für Selbsthilfegruppen (K.I.S.S.); Gaußstraße 21; 22765 Hamburg, Tel. 040 / 39 57 67